# Edition Paashaas Verlag

Autor: Volker Kosznitzki
Bilder: Volker Kosznitzki
Cover-Motiv: Volker Kosznitzki
Covergestaltung: Michael Frädrich
Lektorat: Manuela Klumpjan
Originalausgabe Mai 2020
Edition Paashaas Verlag – www.verlag-epv.de
ISBN: 978-3-96174-067-3
Druck: Books on Demand GmbH, Norderstedt

Die Deutsche Nationalbibliothek verzeichnet diese Publikation in der Deutschen Nationalbibliografie; detaillierte bibliografische    Daten sind im Internet abrufbar über http://dnb.d-nb.de.

# Bor hömma

## Ruhrpott-Geschichten

FSC
www.fsc.org
MIX
Papier aus ver-
antwortungsvollen
Quellen
Paper from
responsible sources
FSC® C105338

# Inhaltsübersicht

## Bor hömma,

manchmal könnt´ ich mich ja echt beömmeln … meistens, wenn mir Leute übern Weg laufen, die so ausse südlichere Gegenden von unsere Reppublik kommen.
Dat erste, watte von denen zu hören krichs, wenne ´ne Unterhaltung anfängst, is: „Ach, Sie kommen garantiert aus dem Ruhrgebiet! Da sagen doch alle immer nur ´dat` und ´wat`.“

Nee, also gezz ma in echt: So ´n bissken mehr an Vokabels haben wir im Pott schon drauf, und ´dat` und ´wat` is ja nun mal so gar nich typisch Ruhrpott, weisse?

Dat sagen die Leute nämlich inne ganze norddeutsche Tiefebene ... vonne holländische Grenze – also Ostfriesland – bis hin nach MeckPommes – also polnische Grenze, ne.

Für diese Art von Deutsch sacht man allgemein auch Plattdeutsch.

Und, genau genommen, is unsern Dialekt auch nix anderet, deshalb sagen wir Ruhris auch schomma "Emscherplatt" dafür, nach einen Fluss, der von Ost nach West so ziemlich durche Mitte vom Revier fließt.

Na gut, Fluss is gezz ´n bissken übertrieben. "Köttelbecke" würde dat Gewässer wohl treffender beschreiben, aber da sind se ja gezz schon ´ne ganze Zeit dran am Arbeiten, und an manche Abschnitte wurden sogar schon wieder Fische gesehen.

So´n paar liebenswerte Eigenheiten gibbet allerdings schon, die unsere Sprache ausmachen:

Wir Ruhris verstehn dat meisterhaft, aus mehrere Wörter eins zu machen, so dat dadraus ´n feststehender Begriff entsteht.

Wat? Verstehsse gezz nich?

`N einfachet Beispiel: Hör mir bitte mal zu! heißt bei uns einfach nur Hömma! Du glaubz gar nich, wat du damit so allet bewirken kannz.

`N paar Blagen sind am Zanken, rufsse ma laut und bestimmend „HÖMMA!" dazwischen ... und sofort is Ruhe im Karton.

Glaubsse nich? Dann probier dat ma beie neechste Gelegenheit selbst aus und tus mir dann hinterher berichten. Und danach sach ich dir dann nur noch: „Siehsse?"

Sicher kennze auch die Situation, datte wat sagen willz,
und auf einmal fällt dir so´n bestimmtet Wort nich ein.
Hömma, da haben wir hier im Pott überhaupt kein Problem mit: Dat fehlende Wort wird dann eben ersetzt: Durch
die Universalvokabel "Dingens" oder wenn dir mal ´n Name vonne Person oder ´nem Ort nich einfällt "Dingenskirchen".
Da kommse eigentlich immer gut mit durch inne Welt.

So wat und noch ´ne ganze Menge mehr kommt gezz in
dieset Büchsken auf dich zu. Und wat ´n "Heiopei" is, dat
erklärt sich beim Lesen von ganz alleine.

Viel Spässken!

Ach ja, und wenne so ganz und gar nich klar kommss:
Bor hömma, dann musse eben kucken, datte ma Dingens,
weisse?!

Glück Auf!

# Dicker Schlitten

Bor ey, gezz schon die zweite Runde über dat Parkdeck von unsere Shoppingmeile gedreht.
Wieder nix!
Drei Parklücken, sogar für meinen Kleinwagen zu eng, und dann gibbet da noch den einen oder anderen Zeitgenossen, der offensichtlich so blind auffe Klüsen is, dat er die Striche zwischen die Parkplätze nich erkennt und seine übergroße Karre einfach hinstellt wie et ihm gerade so im Sinn kommt.
Kuck ma! Da vorne links wieder so´n Idiot, dicken Gelände-schlitten mit ´n Stern drauf und werksmäßig eingebaute Sonderrechte. Hat wohl auch gemeint, dat ihm deshalb automatisch zwei Parkplätze zustehen.

Ah!
Da vorne könnte wat werden.

Omma und Oppa mitte volle Einkaufskarre dabei, ihren Kofferraum zu beladen ... natürlich auch so'n überdimensioniertet Schlachtschiff.

Also mit Blick inne nahe Zukunft ma rechts ran, Blinker inne Richtung von die bald freiwerdende Parklücke und abwarten ...

Tuuut ... Tuuut!
Äääh, kam dat von hinten?
Ich dreh mich um und seh' so 'n Heiopei von vielleicht dreißig, wie er gerade aus seinen schwedischen Panzer aussteigt.
Der kommt direkt an meine Karre 'ran, kloppt anne Scheibe und brüllt sowat wie: „Hömma, du Pannekopp, du hältst hier den ganzen Verkehr auf!"
Also kurbel ich meine Seitenscheibe 'n Stücksken runter: „Hömma, junger Mann, is links Platz genuch für zum Vorbeifahren, also sieh zu!"
Scheibe wieder hoch.
Jau, und inne Zwischenzeit haben Omma und Oppa dat tatsächlich geschafft, die Einkaufskarre wegzubringen, innet Auto zu klettern und gaaanz langsam rückwärts ausse Parklücke raus zu rangieren.
Also ... Gang rein und mit 'n schwungvollen Bogen rein inne Lücke.
Gut, dat ich nur 'n Kleinwagen hab ... Platz genuch zum Aussteigen ... besser geht nich.
Und der bekloppte Jungspund brettert mit quietschende Schlappen vorbei.

Nee, also gezz ma in echt: Tu ich dat allet nur träumen?
Oder werden die fahrbaren Untersätze tatsächlich immer länger, breiter und höher?
Und wenne ma so nache PS kuckss: Wird auch immer mehr.

Ich erinner mich noch, wie mein ersten Käfer mit 40 PS auskam. Dat zweite Auto hatte 45, und danach hatte ich 'n Diesel ausse untere Mittelklasse mit 54 PS. Den hab ich getreten bis die Scheidung durch'n TÜV kam … und dat war nach 'ne Ecke mehr als 'n Jahrzehnt.
Hömma, und damit kam ich auch immer gut von Dingens nach Dingenskirchen.

Jau, und dann kuck dich ma an, wat dat für Leute sind, die so 'ne Riesenschiffe, meistens noch mit Allrad, fahren.
Nee, also gezz nich Förster, Jäger oder Gärtner oder so … weisse. Da kannze dat ja noch nachvollziehen, von wegen dat die schon aus rein berufliche Gründe quer durche Wildnis und oft genug durche Pampelacke juckeln müssen. Wenne dich dat ma genau bekuckss: Die meisten Leute, die so 'ne Schlachtschiffe fahren, sind eher Rentner oder kurz vor der Rente und haben mitte Gärtnerei oder Forstwirtschaft eigentlich so gar nix am Hut.

Kuck ma, zum Beispiel der Bruno Schmalzik von umme Ecke: Noch'n paar Tage älter wie ich und schon 'n bissken länger alleine.
Hat über viele Jahre den Mittelklasse-Klassiker von die Abgasschummler aus Wolfsburch gefahren und sich vor'n paar Wochen 'ne neue Karre zugelegt.
Aber gezz denk ma nich, dat er für sich alleine wat Kleineret gekauft hätte.
Der Bruno kam also letztens ganz stolz bei mir vorbei, einfach nur, um mir sein neuet Prunkstück vorzuführn.
Ich kuckte den so an … und dann dat Riesenschiff, natürlich auch wieder „made in Wolfsburch".

„Hömma, Bruno, wat willze denn auf deine alten Tage noch mit so'n halben Laster?"

„Ja weisse, Günner, du kennz dat doch, wenn die Knochen so langsam nachlassen. Da fällt dich dat schon ma ’n bissken schwerer beim Einsteigen. Und wenne äährssma drinsitzen und losfahrn tus, hasse auch’n ganz andern Überblick als in meine alte Karre.“
„Aber dat könnteste auch anders haben“, sach ich für ihm, „kuck dich doch meinen Kleinwagen an. Is auch’n bissken höher und für mein Härzken und mich groß genuch ... vonne Kosten her is allet paletti und um von A nach B zu kommen, reicht er vollkommen aus.“
„Dat kann ja sein, Günner, aber wenne sonst so nix anderet has, wat Spässken macht, kannze dich ja auch wat gönnen. Kuck ma: 2-Liter-Maschine, 200 PS, da bisse flott und komfortabel unterwegs, und wenn dat ma ’n bissken holperiger wird, hatter auch Allrad.“
„Allrad? Sach ma, willze in deinen neechsten Urlaub inne Sahara fahren oder wat? Hier brauchsse doch gar kein Allrad. Gibt doch überall Straßen.“
„Hast ja recht, Günner, aber dat war nunmal dabei, weisse. Und wat da sonst noch allet drin is: Bordcomputer, Navi, Kamera für zum Rückwärtsfahren und Nachhintenkucken, datte dir den Hals nich mehr verdrehen muss, Standheizung und Sitzheizung, datte im Winter nich am Hintern friern tus ... und ... und ... und. Dat einzige, wat noch nich geht, is von alleine fahren. Dat musse noch selbss. Und gezz ma in echt: ‘N bissken wat hermachen muss ja auch schomma sein, weisse.“

„Jau, und dann sach ma: Wat tut der sich denn so rein?“
„Bor, Günner, wat wohl? Diesel natürlich! Oder denkste, der fährt mit Wasser?“
„Gezz stell dich nich so an, Bruno, wie viel schluckter?“
„Na ja ... ääh ... ääh ..., wenn ich gemütlich fahr ... ääh ... so zehn Liter. Und auffe Autobahn, wenn ich den ma so auf

200 Sachen treten tu, kommter schomma auf fuffzehn Liter. Aber dafür hasse echt Fahrspaß, dat glaubsse gar nich."
„Fahrspaß? Hömma! Wo geht denn heutzutage noch 200? Meistens kannze doch froh sein, wenne schomma 'n bissken längeret Stück auffe Autobahn 130 fahren kannz. Und wenn ma frei is, dann tret ma durch auf 200 – ruckzuck is die Fleppe weg."
„Ja, Günner, ich sach ja nur. Wichtig is ja, datte Platz inne Karre has, von wegen wenne ma 'ne Logistik-Aufgabe has."
„Bor ey, wat has du denn für Logistik, Bruno. 2 Kisten Bier und 'ne Tasche Fressalien inne Woche ..."
„Du bis ja nur neidisch, Günner. So, ich muss weiter. Tschüsskes!"

Weisse wat?
Ich glaub, der Bruno war wohl doch gezz 'n bissken angesäuert, weil ich seinen neuen fahrbaren Untersatz nich so toll fand wie er und auch so'n bissken an die Notwendigkeit gezweifelt hab.

Aber wenner meint ...
Kucken wir ma, wenn tatsächlich irgendwann die ersten Fahrverbote für Diesel kommen. Dann lach ich mich nämlich schlapp und der Bruno kuckt wahrscheinlich ziemlich bedröppelt ausse Wäsche.

Glück Auf!

# Inkasso (Telefon 11)

Jödel-di-dödel, jödel-di-dödel …

Bor ey, wat denn gezz schon wieder?
Also langsam is aber genug mit dem Telefonterror heute.
Is ja schlimmer wie auffe Maloche.
Weisse – äährss die Schwiegerolle, von wegen ihr´n Rolla-tor hätte ´n Platten auffen linken Vorderrad, dann die Uschi Schmalzik, dat se meine bessere Hälfte wie besprochen nachen Mittach zum Shoppen abholen tät, danach mein Härzken vom Frisör aus, dat ich doch um halb zwölf schomma den Pott mitte Fitzebohnensuppe auffen Herd stellen und auf Stufe 2 anmachen soll.
Jau, und dann war da noch dieser komische Heini von ir-gend so´n Callcenter, der mich über meine polletologische Meinung ausfragen wollte … Hömma, dat geht den doch ´n feuchten Kehricht an, und dat hab ich den auf meine nette, freundliche, verbindliche Art auch unmissverständlich zu verstehen gegeben.

Jödel-di-dödel, jödel-di-dödel …

Meine Fresse, der hat aber ´ne Ausdauer.
Also die Nummer auffen Display sacht mir gezz nix … is wohl irgendswo aussen Süden von unsere Bananenrepub-lik.

„Glück Auf! WER STÖRT?“

„Das Büro Krawallke Inkasso, Wladimir Krawallke! Spre-che ich mit Herrn Günter Mambrallek?“
„Häh? Wofür willze dat denn wissen?“

„Unserem Inkasso-Büro wurde vor längerem ein Forde-
rungskonto in Höhe von 127,86 Euro von den Verkehrsbetrieben München weitergeleitet …"
„Ja und? Wat geht mich dat an?"
„Sehr viel, Herr Mambrallek! Sie wurden am 31. September
2019 um 12:16 Uhr in einem Fahrzeug der Linie 3 der
Münchener Verkehrsbetriebe ohne gültigen Fahrausweis
angetroffen und konnten das erhöhte Beförderungsentgelt
in Höhe von 60,00 Euro nicht entrichten. Zusammen mit
Verwaltungs- und Portokosten sowie Inkassogebühren ist
damit ein Gesamtbetrag von 127,86 Euro aufgelaufen, den
Sie unverzüglich zu entrichten haben!"
„Hömma, du Krawallkopp! Ich glaub´, du hasse nich mehr
alle anne Waffel. Äährstens war ich in mein ganzet Leben
noch nich im Bazi-Land und äährss recht nich in München,
und zweitens war ich zu der Zeit, die du behauptest, auffe
Maloche … und dafür gibbet ´zich Zeugen. Also geh mich
weg mit dein Scheiß …"
„Herr Mambrallek, so einfach geht das nicht. Sie wurden
mehrfach erfolglos von den Münchener Verkehrsbetrieben
angemahnt und auf unsere Zahlungsaufforderungen vom
31. November 2019 und 30. Februar 2020 haben Sie eben-
falls nicht reagiert …"
„Hömma, du Heiopei, ich hab dich gerade gesacht, dat ich
zu die Zeit auffe Maloche war. Und irgendswelche Pamph-
lete von euch hab ich nich …"
„Jaja, das sagen alle …!"
„Weisse wat? Du kannz mich ma! Gezz is Schluss und Ende
mit deinen Schwachsinn!!!"
So … aufgelegt.

Da könnte ja jeder kommen.
Einfach so behaupten, er hätte Kohle von mir zu kriegen.
Bis gezz is Günner Mambrallek noch keinem wat schuldig
geblieben. Die einzigen Schulden sind die sechs Euronen,

die mich mein Sohnemann heute früh für ´nc Packung Kippen gepumpt hat. Und die krichter wieder, wenn er am Nachmittach vonne Maloche nach Hause kommt.

Jödel-di-dödel, jödel-do-dödel …

Bor ey, dat is doch wieder dieselbe Nummer auffen Telefon. Muss ich doch ma eben notiern.
So, fertich.

„Mambrallek! Glück Auf! Is noch wat?"
„Krawallke noch mal. Also so einfach geht das nicht …"
„Nich? Hömma, du Blitzbirne, du bis wohl so einen von diese Telefon-Scherzkekse aussen Radio. So einen wie der Paul Panzer oder der Elvis Eifel bei uns aussen Lokalradio …"
„Herr Mambrallek, das ist hier kein Spaß. Und ich mache Sie schon mal darauf aufmerksam, dass weitere erhebliche Unannehmlichkeiten auf Sie zukommen werden, wenn Sie nicht …"
„Wenn ich nicht wat? Gezz pass ma auf, du Piesepampel: Dat Gespräch is gezz zu Ende und dat Thema durch! Und wenne mich noch mal nerven tus, dann lass ich beie Pollezei ´ne Strafanzeige wegen versuchten Betrug gegen dich los. Deinen Namen und Telefon-Nummer hab ich ja. Schönen Tach noch!"

So! Gepräch endgültig beendet!

Hömma, is ja interessant, wie kreativ manche Paselacken sind, wennet dadrum geht, an dat Geld von andere Leute zu kommen. Reicht dat nich, wenn einen der Staat schon abzocken tut?
Und außerdem: Wie kommt der Döspaddel auf die Schnapsidee, ich wär im feindlichen Ausland und dann

noch ausgerechnet in die Bazis ihre Hauptstadt gewesen?
An Tagen, die et gar nicht gibt! Echt gezz: Eher wird der
Papst schwanger und kricht 'n Blag als dat ich meine Quan-
ten über die bajuwarische Staatsgrenze setzen tu.

Jödel-di-dödel, jödel-di-dödel ...

Bor ey, der hat aber 'ne Ausdauer.
Dann lass den sich ma seine Wichsgriffel wund wählen.
Wenn er wat von mir will, dann soll er gefälligst schriftlich,
meinzwegen auch mitt 'n Mahnbescheid oder wie dat
heißt. Da brauchsse dann nur mit'n Kreuzken markieren,
datte die Forderung nich akzeptieren tus und schickste
dann wieder zurück am Gericht. So ... und dann muss er
eben klagen und es gibt 'ne Gerichtsverhandlung. Und die
wird teuer für ihm. Ich kann mir nich vorstellen, dat der
dat Risiko eingeht.

Gezz is nach über sechs Monate auch nix mehr passiert,
und ich glaub dat Thema is erledigt.

Hömma, da kommt mich so'n komischer Gedanke:
Warum nich mal selber probiern, dat knappe Einkommen
mit der Telefon-Inkasso-Masche 'n bissken aufzubessern?
Dat müsste dann aber bei einen sein, der viel Knete hat
und dabei ziemlich doof is. Also fallen die Knallchargen
aussen Dschungelcamp schomma aus.
Vielleicht bei den einen oder andern ausse Polletik?
Vielleicht bei den Gauleiter, die Störchin oder die Alitze
aussen Weideland?

Nee, lass ma bleiben. Die sind dat Risiko auch nich wert,
vielleicht den Lebensabend im Knast zu verbringen.

Glück Auf!

# Tolle Toleranz

Sach ma, weisse eigentlich wat uns Ruhrpottler so einzigartig macht?

Na ja, genau genommen sind wir auch nich viel anders wie die Leute in andere Gegenden.

Ausser, dat wir im Pott 'n zusammengewürfelter Haufen Menschen aus alle möglichen Teile vonne Welt sind, die sich inne letzten hundert Jahre irgendwie zusammengerauft haben und mitte Zeit so gewisse Eigenheiten entwickelt haben, die uns ausmachen.

Nee, nich nur unsere klare und direkte Sprache, sondern auch unsere offene und äährliche Art und Weise, miteinander umzugehen.

Geht ja auch nich anders, wenne im Pütt, am Hochofen oder im Stahlwerk auffe Kollegen angewiesen bis und einer dem anderen bedingungslos vertrauen muss, wenn et auffe Maloche vernümftich funktionieren soll.

Is doch klar, dat sich sowat auch auffet Leben inne freie
Zeit übertragen tut.

Da bleibtet dann auch nich aus, dat in viele Ecken vom
Ruhrpott noch sowat wie funktionierende Nachbarschaft
gepflegt wird und keiner danach fragt, ob du deine Wur-
zeln vielleicht inne Türkei, in Italien, auffen Balkan oder in
Polen has.

Bei uns inne Ecke hat sich ja mitte Zeit auch so dat eine
oder andere verändert, weisse.

Da wo früher der Tante-Emma-Laden vonne Erna Holtkötter war, hat vor ′n paar Jahre der Recep Karaoglu ′n Döner-
Imbiss aufgemacht, ′n paar Läden weiter der Enrico Pizzarelli ′n italienischet Ristorante, in den Bäckerladen is gezz
so ′n Backshop drin.

Unsern alten Metzgermeister Raschke sein Laden hat später ′n andern Metzger ausse Nachbarstadt übernommen –
und die Mitarbeiters gleich mit. Als der dann neulich auch
aufgehört hat, hat die älteste Tochter vom ollen Raschke ′n
ganz exquisitet Fachgeschäft für Wurst aufgemacht ...
hömma ... allet frisch und nur vom Feinsten, und du weiß
immer wo et herkommt.

Jau, und mittendrin hat die Trude Kißkamp schon seit ewi-
ge Zeiten ihre Seltersbude, wo wir schon als Blagen regel-
mäßig fürn Vatter Zeitung, Kippen und Bier geholt haben.
Für uns Kröten kam da oft genug noch ′ne Tüte Gemischtet
bei raus.

Bis heute is Trudes Bude immer noch so ′n zentralen
Treffpunkt in unsern Viertel. Und keiner inne Nachbarschaft traut sich, daran zu denken, wat sein wird, wenn die
Trude mal nich mehr is. Immerhin isse ja so schon umme
achtzig.

Ach, weisse wat, da denken wir gezz gar nich dran.

Allet in allet: Wir pflegen 'ne gesunde funktionierende Nachbarschaft, offen und tolerant für jeden, der hier neu dazukommt ... und nur dat zählt.

Obwohl: Ausnahmen gibbet auch, leider.

Nee, ich meine gezz nich die Familie aussen Nahen Osten, die vor zwei Jahre bei uns umme Ecke eingezogen is.
Hömma, dat sind richtich töffte Leute, die einfach nur dat Pech hatten, dat in ihre Heimat vor'n paar Jahre auf einmal irgendswelche Dumpfbacken meinten,  mit Knarren und Bomben aufeinander losgehen zu müssen und dat ganze Land in Schutt und Asche zu legen, wobei die Waffen-Mafia vom Ami und vom Russe sich so richtich goldene Nasen dran verdient haben und noch immer verdienen.
So wie viele andere is dem Ahmad und seine Familie gar nix anderet übrig geblieben als dat Notwendigste zusammenzupacken und abzuhauen.
Wat ihnen dann auffen Weg nach hier so allet passiert is, konnteste im Fernseh ja genuch von sehen.
Bei uns in unsere Kleinstadt angekommen, wurdense dann äääährssma mit viele andere in 'ne stillgelegte Schule untergebracht, bis mitte Papiere allet geregelt war. Und dann ginget dran mit Deutsch lernen und 'n bissken wat vonne neue Heimat erfahren. Jau, und vor zwei Jahre sind se dann bei uns inne Nachbarschaft eingezogen.

Klar, dat wir se 'n bissken geholfen haben: Irgendswie hatte ja jeder noch 'n paar Sachen im Keller oder auffen Dachboden, die zum Wegschmeißen zu schade waren, und so hatten der Ahmad und seine Familie dann auch recht schnell die Wohnung vernümftich eingerichtet.
Seine beiden Jungens fanden inne Schule ziemlich schnell neue Freunde und schon 'n paar Wochen später pöhlten die beiden fleißig inne Jugend vom FC mit.

Den Ahmad seine Frau, die Hamide, hatte unsere Trude Kißkamp gleich innet Herz geschlossen. Seitdem hat se auch öfters Hilfe in ihr Büdchen und mit die Hamide ihr Deutsch isset auch immer besser am Klappen.
Der Ahmad selbst malocht seit 'n paar Monate beim Yussuf Kaya im Frisörsalon 'ne Straße weiter, und dat sieht wohl fast so aus, als ob er den Laden inne neechsten Jahre übernehmen wird. Immerhin is der Yussuf ja auch nich mehr der Jüngste und denkt so langsam annen Ruhestand.

Gezz sach ma selbss: Isset nich töffte, so 'n Miteinander?
Weisse, bisher hatten wir dat inne Nachbarschaft bestens im Griff, neue Nachbarn inne Gemeinschaft aufzunehmen.
Bis auf dat eine mal, so vor 'n halbet Jahr, als der Nikolaus Matschick dat halbe Zechenhaus vom ollen Fritz Paululat übernommen hatte.
Weisse, der Fritz krichte mit zunehmendet Alter immer mehr Malässen mit den Alzheimer.
Und als et nich mehr ging, isser dann eben ins Seniorenheim umme Ecke gezogen, kommt aber bis gezz noch immer jeden Tach beie Trude vorbei, um sich seine Kippen zu holen, ab und zu ma 'n Fläschken Pils zu trinken und 'n Quätschken zu halten. Ganz so schlimm isset also noch nich bei ihm.
Jedenfalls passte dieser Nikolaus Matschick irgendswie nich so recht in unsern Viertel.
Dat fing schon damit an, dat er et anfangs kaum nötig hatte, seine Nachbarn zu grüßen und auch sonst die Nase eher ziemlich hoch trug.
Als ich letztens mal wieder beie Trude meine Kippen holen war, erzählte sie 'n Dingen, hömma, sowat geht gar nich:
Also, dieser Nikolaus Matschick hatte sich beie letzte Kommunalwahl zusammen mit einen gewissen André Ranzkopp für so 'ne "Unabhängige Wählergemeinschaft" in den Stadtrat wählen lassen, da aber dann weiter nix mehr

für unsere Stadt bewirkt, außer ab und zu ma 'n blöden Spruch loszulassen.

Dann waren die beiden auf einmal in diese komische Partei eingetreten, die seit der letzten Bundestachswahl auch in Berlin sitzt, mit so komische Vorturner wie einen Axel Gauleiter, 'ne Störchin namens Beate von Dingenskirchen und 'ne Alitze vom Weideland … und noch so'n paar weitere Dumpfbacken.

Jau, und damit haben wir diese "Alternativen von Vorgestern" also gezz auch bei uns im Stadtrat sitzen. Also irgendswie kann dat ja eigentlich nich richtich sein. Zumal kaum einer in unsere Stadt denen 'ne Stimme gegeben hat. Und wenn jeder hier inne Nachbarschaft nich genau wüsste, dat die Trude immer bestens informiert is und noch nie Stuss erzählt hat …!

Jedenfalls fing der Matschick auf einmal an, inne Nachbarschaft 'n bissken Präsenz zu zeigen: kaufte auf einmal sein Brot und seine Brötchen im Backshop umme Ecke, seine Grillwürstkes im Wurstgeschäft und tauchte tatsächlich vor 'n paar Tage an Trudes Büdchen auf.

Genau zur richtigen Zeit, denn außer meiner Wenigkeit hatten sich noch mein Vetter Otto Korsinetzky, Kegelkumpel Bruno Schmalzik, der Fritz Paululat und unsern ollen Reviersteiger Paul Blauschwick eingefunden, um sich mit Zigaretten und die eine oder andere Fachzeitung zu versorgen und bei 'n Fläschken Pils noch 'n bissken zu quatschen.


„Tach zusammen", schmiss der Matschick so ganz locker inne Runde.

Und Reviersteiger Blauschwick erwiderte nur kurz und knapp: „Glück Auf!"

Wir anderen setzten unsere Diskussion über den letzten Bundesliagspieltach weiter fort und die Trude fragte kurz und knapp, wat sie denn für ihm tun könnte.

„Den `Deutschland-Kurier´ hätte ich gerne!"
„Ääh ... wat? ... Nee, hab ich nich! Bei mir gibbet nur die gängige Presse und dat hier."
Damit hielt sie ihm dat berühmte Revolverblatt mit die vier großen Buchstaben unter die Nase.
„Dat is allet, wat ich an Lügenpresse im Angebot hab, Herr Stadtrat. Ansonsten kann ich an Schmuddelblättkes nur noch die `Sankt-Pauli-Nachrichten´ anbieten."
Bor ey, gezz hätteste ma den Matschick seine Fresse sehen sollen, aber irgendswie fing er sich ganz schnell wieder und fragte höflich, ob die Trude denn dat gewünschte Blättken wohl jede Woche für ihm bestellen würde.
„Nee, aber garantiert nich, Herr Stadtrat. So ´ne rechtsradikale Hetzpresse kommt mir hier nich rein, hömma. Da musse schon selbss kucken, wo du sowat herkrichs. Kannze ja ma inne Bahnhofsbuchhandlung inne Kreisstadt versuchen. Aber pass bloß auf, dat dich die Verfassungsschützer nich erwischen."
„Äää ..."
Bevor der Matschick irgendswat weiter sagen konnte, hatte der Fritz Paululat ´n gaaanz tiefen Zuch aus seine Kippe gemacht, blies ihm den ganzen Qualm direkt inne Fresse, sachte dabei sowat wie „ollen Nazi" für ihm und fuhr direkt fort: „Hömma, bei mir fängt dat zwar so langsam mitten Alzheimer an. Aber ich hab den letzten Krieg noch mitgemacht und die ganzen anderen Sauereien, die in die tausend Jahre von 33 bis 45 passiert sind. Sowat vergisst man nich, auch wenn der Kopp in meine alten Tage nich mehr so ganz mitmacht. Also, wenn du sowat in unsern Land wieder haben willz: Ohne uns, du Matschbirne."

So, dat waret äährssma.
Der Matschick dackelte mit ´ne ziemlich bedröppelte Visage ab und ich sachte für den Fritz: „Hömma, Fritz, dat war

ma echt töfftc, wie du diese Hohlbirne den Marsch geblasen hast. Der kommt so schnell nich wieder."
Und die Trude hatte auf einmal 'n paar Kurze inne Flossen und meinte nur: „Prösterken, Jungens ... und ... runter damit."

Zu Hause hab ich dann äährssma mein Computer angemacht und 'n bissken nach diese Gurkenpartei geguggelt.
Bor ey, dat Parteiprogramm von die las sich fast wie 'n Horrorbuch: „Fremdvölker raus", „Grenzen dicht machen", „Keinen mehr rein lassen"... nee, ich lass dat gezz ma sein, noch mehr davon zu nennen.
Jeder, der noch 'n bissken klar denken kann, kricht ja inne Nachrichten und die eine oder andere Talkshow genuch mit, wat die so allet vorhaben.
Und außerdem kannze in jede gute Buchhandlung auch Geschichtsbücher kaufen.
Ich hab trotzdem noch 'n bissken weitergelesen und bin dabei noch auf andere Klamotten gestoßen ... Hömma, sowat geht ja gar nich.
Aber is ja klar, dat die unsern Sozialstaat fast komplett abschaffen wollen ... dat schreibense natürlich so nich auf ihre Wahlplakate.

'N paar Tage später musste ich ma wieder beie Trude vorbei ... mein Härzken wollte die neue Sonderausgabe vonne „Frau hinterm Spiegel" haben ... und meine Kippen waren auch fast alle. Jau, bei die Gelegenheit wollte ich dann auch noch 'ne Tüte Gemischtet für'n Enkel mitbringen.
Hömma, dann hab ich gedacht, meine Klüsen sehen nich richtich: Da stand der Matschick vor dat Büdchen und versuchte, die Trude 'n Gespräch aufzuzwingen.
Ich krichte auch noch mit, wie er sich beschwerte, dat die Hamide ab und zu auch schomma 'n Kunde bediente.

„Frau Kißkamp, ich bin ja ausgesprochen tolerant. Aber das hier geht gar nicht. Ich werde überprüfen lassen, ob Ihre Aushilfe überhaupt eine Arbeitserlaubnis hat! Und wehe, wenn nicht! Dann machen Sie Ihren Saftladen hier zu und handeln sich auf Ihre alten Tage noch ein Strafverfahren ein!"

Gezz kam die Trude äährssma so richtich in Fahrt: „HÖMMA, HERR STAATSRAT! Wie ich mein Geschäft führen tu und wen ich beschäftige, dat geht dich ´n feuchten Dreck an. Bei mir is allet nach die Vorschriften und Gesetze! Da kannze prüfen lassen, bisse schwatt wirs. Mach dich ruhig lächerlich beie Ämter, wirs schon sehen. Und dann sach ich dich noch wat: Lass dich bei mir nich mehr blicken! Du krichs von mir gar nix mehr verkauft, du Heiopei!"

Der Matschick zog ´ne ziemlich doofe Fresse und ich konnte gar nich anders, als ihm noch wat mit auffen Weg zu geben: „Sach ma, du Rechtspoppolist, dat du und deine Gesinnungsgenossen mit unsern töfften und friedlichen Multikulti nich klar kommt, dat weiß ja jeder hier. Aber gezz musse mir ma ´n paar andere Fragen beantworten."
„Ja, gerne!"
Auf einmal hatte der Matschick wieder diese typische „scheißfreundliche" Parteifunktionärsfratze aufgesetzt.
„Also! Dann möchte ich gezz ma gerne von dir hören, wat ihr so zum Thema ´Rente ab 70`, ´Abschaffung des gesetzlichen Mindestlohnes`, ´Halbierung der Hartz-4-Sätze` oder die Abschaffung von Tarifverträgen geplant habt."
„Wie kommen Sie denn auf solch einen Blödsinn?"
Gezz kuckte der Matschick auf einmal ziemlich doof ausse Wäsche.
„Blödsinn? Bor ey, ich glaub mein Schwein pfeift. Dat steht allet so in euerm Parteiprogramm schwatt auf weiß zu Nachlesen. Brauchsse nur Internet und Guggel für. Da muss

man sich allerdings äährssma durch eure Standardparolen durchwühlen bis zu die hinteren Parragrafen. Aber offensichtlich hasse dat ja nich so mitten Lesen."

„Also Herr ... äääh, Sie interpretieren hier etwas völlig falsch ..."

„So? Dann pass ma auf: Du gehst gezz nach Hause, studierst ma euer Programm 'n bissken genauer. Und neechste Woche um diese Zeit treffen wir uns beim Recep inne Dönerbude und ich frag dich ab. So, dat war et. Und gezz sieh zu, datte dich vom Acker machss!"

Ich hab ihn dann äährssma stehen gelassen, weil ich ja eigentlich mitte Trude Wichtigeret zu regeln hatte.

„Jau, Günner, nur so krichse diese Paselacken mundtot. Ich wette allerdings, dat der Matschkopp überhaupt nix von dem kapiert hat, wat du ihm verhackstückst has."

„Da könnteste recht haben, Trude. Weisse wat, gezz tuse mich zweimal Kippen, 'ne Tüte Gemischtet für zwei Öcken für'n Enkel und dat neue Sonderheft für mein Lissken. Und gezz ma in echt: Die Hamide macht dat doch schon richtich töffte bei dir."

„Na klar, Günner. Mittlerweile hab ich se soweit angelernt, dat se auch schomma alleine für 'ne Stunde oder zwei den Laden hier schmeißen kann, weisse. Ich kann dann schomma 'n bissken kürzer treten, bin ja nich mehr die Jüngste, ne, und denk so langsam am Ruhestand. Vielleicht noch zwei Jahre, dann kann die Hamide dat hier übernehmen. Die schafft dat."

Und nach hinten in ihr Büdchen ruft se: „Schätzken, wenne gleich Feierabend machss, nimmsse noch 'ne Tüte Gemischtet für deine Jungens mit!"

Hömma, so funktioniert Toleranz! Und so muss dat!

Glück Auf!

# Die Buxe is kaputt

So, Feierabend!
Dat töffte Wetter hab ich nochma ausgenutzt, um den Garten für'n Winter fertich zu machen, weisse.
Den Rasen dat letzte Mal gemäht, 'n paar vergammelte Pflanzen wechgemacht und den einen oder anderen Strauch noch 'n bissken wat zurückgeschnitten.
Gezz kann der Winter meinzwegen kommen.

Hömma, wie ich dann inne Küche reinkomm', um mir aussen Kühlschrank 'n kühlet lecker Pilsken für'n Feierabend zu holen, kuckt mich meine bessere Hälfte so 'n bissken komisch von oben bis unten an …
„Günner! So kannze aber nich mehr rumlaufen!"
Ich sach: „Wieso dat denn nich?"
„Ja, sach ma, hasse dat nich gemerkt?"
„Ääh, wat denn?"
„Hömma! Du has die Buxe kaputt! Die kannze gezz nur noch im Müll schmeißen!"
Und ich kuck so mit suchenden Blick an mich runter:
Bor ey, tatsächlich an beide Beine so weit aufgerissen, dat die Knie richtich viel frische Luft krichten.
Also dat kaputte Teil ausgezogen, inne Mülltonne gekloppt und für 'n Feierabend die Joggingpeitsche an, is sowieso bequemer zum Rumlümmeln auffen Sofa beim Fernsehkucken.
Jau, und in so'n Werbefilmken für 'ne bekannte Jeansbuxenmarke sind da auf einmal jede Menge junge Leute … meistens Mädels … zu bekucken, alle mit Löcher inne Hosenbeine.
Gezz kommt mir dat auch wieder so innen Sinn, datte sowat eigentlich jeden Tach überall auffe Straße siehss. Hasse nur nie genau drauf geachtet.
Aber gezz?

Kär, und ich erinnere mich wieder daran, wie ich als Kröte jedesmal den Hintern voll krichte, wenn ich von draußen mit ′ne zerissene Buxe nach Hause kam.
Wahrscheinlich, weil Muttern dann jede Menge Maloche zusätzlich hatte, dat Loch wieder zu flicken. Und dat nur, damit ich am neechsten Tach nachen Pöhlen auffe Straße mit noch ′n größeret Loch inne Buxe nach Hause kam.
Gut, die Zeiten sind vorbei.

Neechsten Tach treff′ ich zufällig Nachbars Schantalle an Trude Kißkamp ihre Seltersbude.
Hömma, die hatte ′ne Buxe an, die bestand fast nur noch aus Löcher.
„Tach, Günner!"
Und ich kuck se so an ... und dann sach ich für ihr: „Tach, Schantalle, sach ma, is bei euch die Armut ausgebrochen oder wat?"
„Nee, Günner, wie kommsse denn auf sowat?"
„Ja, wenn ich mir so deine Buxe bekuck, hömma, da könnte man meinen, euch is die Knete ausgegangen. So kaputt wie die is. Reicht dat Taschengeld nich mehr für ′ne neue?"
Gezz hättste ma die Schantalle ihrn Blick sehen müssen!
Und ganz entrüstet meint se: „Bor, Günner, bisse noch von gestern? Hömma, dat is MODE! Aber schon ′n bissken länger. Kannze ma kucken, wat du für′n Blick has."
„Komische Mode", sach ich, „und gezz sach nich, du has dafür auch noch gelatzt."
„Na sicher, Günner. Hundert Eurodollars für ′ne echte gute Markenjeans."
Ich muss in dem Moment wohl ziemlich bescheuert ausse Wäsche gekuckt haben.
„Wat? ... Hundert Öcken? ... Für ′ne kaputte Buxe? ... Ich glaub et nich!"

„Is aber so, is eben modern, da musse halt dabei sein.
Tschüss, Günner!" Klemmt sich noch die neue BRAVO un-
tern Arm und weg isse.

Nee, also gezz ma in echt.
Irgendswie passt doch da wat nich.
Ich kann mich noch anne Zeit erinnern, da war dat unmög-
lich, mit Löcher inne Plünnen inne Öffentlichkeit zu gehen.
Da hasse die Brocken höchstens noch aufgetragen, wenne
im Sommer im Garten am Wullacken warss.

Und wenn ich so weiter denk:
Wat ich inne letzten 30 Jahre schon im Garten oder beim
Werkeln im Keller an Klamotten verschlissen hab. Hömma,
wenn ich die alle noch als Mode vertickt hätte, wär ich gezz
wohl schon 'n paar Jahre Millionär.

Wieder mal wat  verkehrt gemacht im Leben.

Glück Auf!

# Nett flixen

Sach ma, kannze dich eigentlich noch an die alten Zeiten erinnern, als der Fernseher im Wohnzimmer noch 'ne große schwere Kiste war, mit 'ne dicke Bildröhre drin und in schwatt-weiß?
Hömma, ich weiß dat noch, als ich 'ne Kröte war, da gab et auch nur ein einziget Programm, dat hat gereicht.
Dat Zweite kam dann dazu, als ich so sieben oder acht war.
Und ich fand dat immer töffte, wenn zwischen die Klementine und den Waschmittelverkäufer die Mainzelmännekes ihre Spässkes machten oder dat HB-Männeken regelmäßich inne Luft ging.
Weisse, bei uns inne Familie kam Fernseh eigentlich äährss ziemlich spät ins Haus.
Da, wo andere den Apparillo im Wohnzimmer hatten, stand bei uns 'ne Musiktruhe mit 'n Plattenspieler und dadrauf 'n riesiget Radio, noch mit Röhren und richtich dicke Lautsprecher drin. Mit Tasten vorne und Drehknöppe für die Sender zum Einstellen oder laut und leise machen.
Da wurde dann der Fernsehkasten hingestellt.
Und wenne an den Apparillo ma dat Programm wechseln oder lauter machen wolltest: Hömma, da mussteste schomma dein Allerwertesten aussen Sessel erheben und nach den Flimmerkasten hingehen. Nix mit Fernbedienung und so.

Ich glaub dat war so Anfang vonne Sechziger ... ich war jedenfalls schon inne Schule ... als unser Omma zu uns in unser Zechenhaus mit einzog.
Und Omma wollte unbedingt Fernseh haben.

Also sind Omma, Vatter und ich zusammen nach den Willi Bensing seinen Elektroladen 'n paar Straßen weiter losgezogen.

Jau und da standen se dann, die Wunderwerke vonne Technik, und nach 'ne lange Beratung wurde am neechsten Tach der Apparillo zusammen mit 'ne Antenne nach Hause geliefert, die Antenne auffen Dach montiert und dat Kabel gezogen. Natürlich hat der Willi Bensing dann auch noch dat Gerät eingestellt und erklärt ... Hömma, sowat gibbet doch heutzutage gar nich mehr.

Dann konnte der Spaß losgehen ... also mit zwei Programme.

Abends nach 11 war dann Schluss, dann gab et nur noch Testbild ... bis zum neechsten Nachmittach.

Außer, wenn Muhammed Ali drüben in Amiland mal wieder seine Gegner nach alle Regeln vonne Kunst vermöbelte.

Dat wurde auch nachts innet deutsche Fernseh gezeigt.

Vatter hatte sich dann immer mit 'n Pilsken, Kartoffelsalat und Würstkes vor der Glotze die Nacht umme Ohrn gehauen, wennet mitte Schicht klappte.

Und dann ging die Zankerei auch schon los, so von wegen wat denn gekuckt wird.

Weisse wat, da war der Familienfrieden schon bei zwei Programme gestört, besonders wenn auf den einen Sender Quiz mit Pedder Frankenfeld oder Hajo Kulenkampff lief und auffen andern 'n töfften Krimi.

Am schlimmsten war dat Samstach nachmittachs: Da lief auffen Ersten immer so 'ne richtich töffte Sendung mit Musik, Beat-Club oder so.

Und ich wunderte mich jedesmal, dat mein Vatter auf einmal auffen Zweiten grundsätzlich wat kucken wollte, wo er sich sein ganzet bisheriget Leben lang nie für interessiert hatte: S P O R T!!!

Da sach ich gezz ma nix für.

Irgendwann mal wurde dat schwatt-weiße Fernseh dann bunt.

Und noch 'n bissken später kamen zu dat gebührenpflichtige öffentliche Fernseh die ersten privaten Sender dazu. Da brauchteste zwar nix für latzen, dafür wurdeste aber dermaßen mit Werbung zugemüllt, dat dich Hören und Sehen verging.

Meine Fresse nee, wat war dat nervig, wenn bei 'n töfften spannenden Western mitten inne Ballerei auf einmal so'n Heiopei mit Schlips und Kragen auftauchte und einen vom Pferd erzählte, für wat man denn so allet 'ne Versicherung beie Humbug-Mülleimer braucht und dat die anderen ja alle viel zu teuer und zu fies sind. Dann ging dat weiter mit Werbung für Fressalien, Wässerkes, Klamotten und ... und ... und ... Okay, manchmal habense dann ja doch ma 'ne vernümftiche Reklame gemacht: Für'n lecker Pilsken!

Dat ging dann über 'ne ganze Zeit, so datte fast vergessen has, wat in den Western vorher passiert is.

Gut, 'ne Pinkelpause beim Fernsehkucken war ja nich schlecht. Aber wer braucht schon zehn Minuten für zum Pinkeln, hömma, da krichse ja sogar schon 'ne große Sitzung hin.

Jau, und dat dann so alle zwanzich Minuten.

Manchmal glaub ich, die machen dat als besonderen Service für ältere Zuschauer, die schon Malässen mitte Prostata haben.


In die Zeit kam dat auf, dat fast jeder zu seine Antenne auffen Dach noch 'ne Schüssel montierte, damit man die ganzen privaten Sender auch alle kucken konnte.

Und noch 'n bissken später fingense an, die ganze Reppublik für dat Fernseh zu verkabeln, da brauchtesse dann keine Antenne und keine Schüssel mehr.

Natürlich kamen damit noch mehr Kanäle inne Glotze.

Damit der Familienfrieden nich inne Buxe ging, krichte natürlich jeder inne Familie seine eigene Glotze in seine Bude.

Und als dann später in jeden Haushalt Internet gab, konteste dadrüber noch mehr Fernseh kucken ... falls dir über 200 Sender noch immer nich genuch sind.

Nee, also gezz ma in echt: Kucken kannze doch immer nur ein Programm, und ich hab dat auch nich mehr weiter verfolgt.

Weisse, Internet benutz ich eigentlich nur, um ab und an ma 'ne E-Mail zu verschicken und mit gute Freunde 'n bissken Kontakt zu halten ... und natürlich auch meine Büchskes inne Welt zu verbreiten.

Inne letzten Jahre von mein Arbeitsleben hab ich dann auch ma vonne junge Arbeitskollegen mitgekricht, dat dat im Internet so 'n Kanal gibt, wo Filme und Serien laufen, die et so inne normale Glotze nich gibt: Heißt so ähnlich wie „Nett Flicks" ... oder ... äääh ... äääh ... jau, gezz hab ich et: „Nett flixen" ... oder so ähnlich. Is auch egal, hömma, soviel kannze in dein ganzet Leben nich kucken ohne 'n viereckigen Kopp zu kriegen.

Und morgens auffe Maloche wird dann unter die jungen Kollegen bis zum Abwinken diskutiert, wie man welche Folge vonne Serie noch besser machen könnte, ob man erst die vierte und danach die erste Staffel vonne andere Serie kucken sollte.

Oder, wat für'n Mist ma wieder der Dingenskirchen vonne Games of Thrones inne hundertzwanzichste Folge angestellt hätte.

Weisse wat?

Manchma hab ich den Eindruck, dat die alle nach Feierabend nix anderet mehr machen, als inne Glotze zu kucken.

Wann machen die sich eigentlich ma wat zu Spachteln,
halten die Klamotten und die Bude sauber?
Ja gut, für Verpflegung gibbet ja Meckes oder die Dönerbu-
de umme Ecke.
Aber gesund kann dat auf Dauer eigentlich auch nich sein.
Sach ich gezz nix für.

Aber als dann neulich der junge Kollege Timo Kuppke inne
Mittachsrunde verkündete, er und sein Härzken würden ja
bald Mutter und Vatter werden ... Hömma, da hab ich mich
echt gefragt: „Wie geht dat denn? Kann man neuerdings
vom Nettflixen Blagen kriegen?"

Also in unsere junge Jahre funktionierte dat nur, wenne
dich mit dein Schätzken regelmässig 'n schönen kuscheli-
gen Abend gemacht has ... so richtich mit Ringelpietz und
Anpacken und allet wat da so bei gehört ... Lass ich mich
gezz aber nich näher drüber aus, nä? Ich schreib ja hier
keinen Porno oder so ... Kann sich ja jeder selbst denken,
wat ich mein, oder?

Aber wer weiss?
Vielleicht is dat ja schon die neechste Stufe vonne Ewwolu-
tion, oder wie dat heißt.

Glück Auf!

V
K 2020

# Grüße von Norman F. (Telefon 12)

So!
Kurz vor sieben ... schomma die Glotze anmachen, gleich gibbet die Heute-Nachrichten im Zweiten.
Eigentlich so wie jeden Abend.
Äährss noch Reklame, aber die kuck´ ich grundsätzlich nich, weisse.
Die Zeit kannze sinnvoller nutzen, um inne Küche noch´n Pilsken aussen Kühlschrank zu holen.
So ... auch erledigt!

Jau, und dann krich ich doch noch die letzte Werbung mit: So´n Ömmaken in ihr´n Wohnzimmer auffen Plüschsofa und vor Spässken so richtich am Strahlen: „Ich habe Post bekommen und da angerufen. Und bei Lotto-Färber eine Millionen Euro gewonnen! Vielleicht bekommen SIE ja auch bald Post von Lotto-Färber."
Bor! Wat´n Stuss!
Lotto-Färber, dat is doch der, wo man sich irgendswie für ´n paar Euronen an ´ne riesige Lotto-Systemtippgemeinschaft beteiligen kann. Und wenn die dann den ganz dicken Hund holt, krichste vielleicht ´n Anteil von fuffzich Öcken dabei ´raus. Also gezz ma in echt: Reich wirsse davon jedenfalls nich.
Irgendwie kam dann so ´ne Erinnerung in mir hoch: Da war doch vor ´n paar Jahre ma wat inne Zeitung über diesen Norman Färber und seine Lotto-Kungelei. Dat da wohl dat eine oder andere nich so ganz sauber gewesen sein soll und er selbst als Einziger etliche Millionen Eurodollars verdient hat. Irgendswie muss der aber sauber aus die Nummer rausgekommen sein ... hasse jedenfalls danach nix mehr von gehört.

Und der verschickt also gezz Briefe anne Leute, dat er Millionen verschenken tut?
Nee ey, dat kann wat nich richtich sein, dat sacht mich schon mein´ gesunden Menschenverstand.
Am neechsten Abend zur gleichen Zeit seh ich, wie ich wie üblich mit mein Pilsken ausse Küche wieder im Wohnzimmer komme, wieder die gleiche Omma Strahlemann im Fernseh.

Und am Abend drauf war dann Oppa Strahlemann dran: „Ich habe Post bekommen und da angerufen. Und bei Lotto-Färber eine Millionen Euro gewonnen. Und seitdem kommen meine Kinder und Enkel viel öfter bei mir vorbei. Vielleicht bekommen SIE ja auch bald Post von Lotto-Färber. Schauen Sie doch mal in Ihren Postkasten!"

Nee, also in meinem Postkasten kam zwar allen möglichen Kram an: Rechnungen, Mitteilungen, Werbung, die Tageszeitung, aber kein Brief von diesen Norman Färber. Aber vielleicht muss man ja auch erst 80 werden, bis der einem wat schicken tut.
Ich hab dat jedenfalls im Fernseh nich mehr weiter verfolgt und auch kein´ Gedanke weiter dafür verschwendet ...
... und lieber wie bisher jede Woche meinen Lottoschein beie Hanne Steffen anne Lottobude gelatzt. Da kommsse zwar auch nich an die dicke Kohle, has aber wenigstens immer wieder mal ´n töfftet Quätschken mit nette Leute.

´Ne ganze Zeit später – ich hab da gar nich mehr dran gedacht – hol´ ich doch tatsächlich so´n Brief von diesen ominösen Herrn Färber aussen Postkasten.
Hömma, äährss hab ich gedacht: ´Günner, wat is dat denn? Du bist doch noch gar keine 80! Findet der Färber in die Senioren-Altersklasse keinen mehr?
Hab den Brief äährsma anne Seite gelegt.

Natürlich kamen am Samstach drauf wie üblich wieder die falschen Zahlen inne Lottoziehung.

Jau, und dat hab´ ich dann zum Anlass genommen, doch ma den Brief von diesen Herrn Färber aufzumachen und die mir zustehenden Millionen ebens von ihm zu holen.

Da standen dann 6 Zahlen drin und dat Versprechen von ´ne Million Eurodollars ... und ´ne Telefonnummer.

Also nehm´ ich dat Telefon inne Hand ...

... meldet sich ´ne freundliche Männerstimme: „Lottoglück-Färber, guten Tag, mein Name ist Oliver Schmittke. Was kann ich für Sie tun?"

„Mambrallek, Glück Auf! Hömma, ich hab da so´n Brief von euch gekricht. Von wegen ´ne Millionen Öcken. Wann und wo kann ich die bei euch abholen?"

„Also, Herr ... äääh ..."

„Mambrallek ... M.A.M.B.R.A.L.L.E.K. ... Günner ..."

„Ja also, Herr Mambrallek, so einfach geht das nicht. Sie haben ja sicher die 6 Zahlen in unserem Schreiben gese-hen. Wenn diese mit den in unserem Zufallsgenerator ge-nerierten Zahlen übereinstimmen, gewinnen Sie eine Milli-onen Euro. Aber zuerst nennen Sie mir bitte Ihre Bankver-bindung!"

Häh? Wat is dat den? Und ich sach für den Schmittke: „Hömma, wat soll dat denn gezz? Also pass ma auf: Wir kucken gezz äährssma, ob mir die Millionen zusteh´n, und wenn ja, dann kannze meinzwegen meine Kontonummer haben. Nich, dat ihr mir auf einmal mein Konto leerräumt."

„Herr Mambrallek! Wir sind Lotto-Färber! Wir sind als ehrlich und seriös bekannt!"

„Weisse wat, Herr Schmittke, dat hat der Inkasso-Krawallek, der mich letzte Woche am Telefon genervt hat, auch behauptet. Also komm, mach dein Zufallsgenerator an und sach, wat dabei rauskommt!“

„Umgekehrt geht's, Herr Mambrallek. Sie nennen mir Ihre Zahlen aus unserem Schreiben und dann schauen wir, was der Zufallsgenerator ermittelt.“

Bor ey, wat machsse nich allet für 'ne Millionen. Also les' ich dem Schmittke die Zahlen aus Färbers Glücksbrief vor.

„Vielen Dank, Herr Mambrallek. Einen Augenblick dann bitte.“

Inne Leitung war auf einmal eine gespenstische Stille. Und nach so 'ne gute Minute war der Schmittke wieder inne Leitung und sacht: „Herr Mambrallek, das tut mir ausgesprochen leid. Ihre Zahlen haben leider nicht gewonnen. Vielleicht versuchen Sie es ja beim nächsten Mal wieder. Sie wissen schon: Neues Spiel – neues Glück. Ich wünsche Ihnen noch einen schönen Tag.“ Weg war er.

Wat sollet, also weiter jede Woche anne Lottobude, kommsse wenigstens unter die Leute.


Omma und Oppa Strahlemann sind noch immer regelmässig inne Glotze vor den Heute-Nachrichten zu sehen. Nur, dat dat gezz um 'ne „6“ geht, so vom Würfel, weisse. Und natürlich haben se beide bei Färber angerufen und 'ne Million gewonnen.


Als neulich meine bessere Hälfte vom Besuch vonne Freundin zurückkam, brachte se auch gleich den Inhalt aussen Postkasten mit: Steuerbescheid, Stromrechnung, Werbepamfleet von Feinkost Lidl und … hömma – Du glaubst dat nich – 'n Brief von Lotto-Färber.

Und sie kuckte mich so an … und dann sachte se:

„Günner, mach doch ma auf!“

Ich sachte: „Nee, ich hab kein Bock mehr auf so'n Scheiß, kommt sowieso nix bei rum.“

„Ja dann mach ich dat eben!“

„Jau, dann mach. Aber unsere Kontonummer sachsse dem Heiopei äährss, wenne die Millionen im Sack has."
Hömma, die hat tatsächlich da angerufen. Kam aber nix bei rum, dat war doch von vornherein klar. Aber weisse, wat mich inne letzte Zeit so aufgefallen is? Da is inne Werbung inne Glotze immer mehr so unsere Altersklasse und älter vertreten.
Egal, ob für Ginko- und andere Pillen gegen Alzheimer und sonstiges Vergessen, Cremes und Salben gegen Rheuma und Falten oder für Treppenlifte.
Und immer wieder die „Rentner-Bravo" ... also dat Blättken, wat et für Umme inne Appotheke gibt.
Und alle Nase lang siehsse Omma und Oppa Strahlemann, die sich offensichtlich mit Werbung 'n bissken wat für ihre Rente dabei verdienen tun.

Mal kucken, bald is ja bei mir auch soweit. Vielleicht versuch' ich dat auch mal inne Fernsehwerbung und geh euch dann inne Glotze auffen Senkel.

Glück Auf!

# Betriebsfest

Also gezz ma in echt: So richtich Bock hatte ich eigentlich nich auf diese Betriebsfeier.

Weisse, überlaute Ballermann-Mucke, dat dich fast die Ohren platzen und 'ne Unterhaltung mitte Kollegen überhaupt nich möglich is.

Zu die Unmengen Pilskes und Kurze und wat da sonst noch allet wechgeschlabbert wird, sach ich ma nix zu. Und inne Pausen immer dat gleiche doofe Gequatsche vonne Scheffs ... nee, geh mich weg.

Dat einzig Gute dabei is immer, datte den neechsten Tach frei has. Aber dat brauchsse auch, um die Ohren wieder frei und den Kopp klar zu kriegen.

Hömma, wenn ich an letztet Jahr denke: Da war schomma dat eine oder andere Päärchen auf einma verschwunden. Und wenne dann ma auf 'ne Kippe vor die Tür gegangen bis, hasse auffen Parkplatz auch schomma dat eine oder andere geparkte Auto gesehen, dat ziemlich eindeutig auf und ab am Wippen war.

Die Krönung war dann mein Arbeitskumpel O. W. Dickmeier, wie der auffen Lokus mit offene Buxe am Waschbecken stand. Hömma, im letzten Moment hab ich den noch gepackt und rüber nach die Pinkelbecken geschoben. Jau, und in dem Moment kam dann sein Scheff rein ... nee, also ich sach nix mehr.

Echt gezz, sowat muss ich nich haben. Also hatte ich mich entschlossen, dieset Massenbesäufnis diesmal nich mitzumachen.

Bis dann vor 'n paar Tage vonne Scheff-Etage die Info rauskam, dat man dat dieset Jahr ma 'n bissken geordneter ablaufen lassen wollte: kein Freibier mehr und für zum

Tanzen keinen DeeJay mehr, sondern 'ne richtich echte Live-Kapelle.

Hömma, da wurd' ich aber hellhörig: In meine jungen Jahre, wo ich öfters ma auffen Konzert war, gab et nur echte Musiker mit richtige Instrumente, und die machten mit gute handfeste Musik immer richtich Stimmung und hasse auch noch Spässken beim Abrocken gehabt.

Hab ich mich also breitschlagen lassen, mich doch anzumelden und hinzugehen.

Weisse, manche Kollegen triffste ja auch nur dieset eine Mal im Jahr beie Betriebsfeier, und zu quasseln hasse immer wat ... mit 'n lecker frisch gezapftet Pilsken inne Hand, dat is schon irgendswie töffte.

Jau, und dann kuckte ich ma so in den Saal rein und sah' da drei Leute, auch schon 'n bissken älter, zwei Kerls und 'ne ziemlich grell angemalte dickliche Tussi, die mit alle möglichen technischen Apparate zugange waren: 'n Elektroschlagzeug, 'n Keyboard oder wie diese neumodischen Tastendinger heißen, jede Menge andere komische Gerätschaften und riesige Lautsprecher, mit die man 'n ganzet Stadion beschallen kann.

Also dat sollte die Live-Kapelle sein.

Keine Klampfe, kein Bass. Hömma, wie soll da guten Rock 'n'Roll funktionieren?

Also auf dat einführende Gequatsche vom obersten Scheff hatte ich gar nich mehr hingehört. Is ja sowieso jedet Jahr dat gleiche blöde Gesabbel. Und der Personalratsvorsitzende fasste sich dann Gott sei Dank ganz kurz und wünschte alle Anwesenden nur viel Spässken.

Jau, und dann stellte die dicke Tussi sich und ihre Kollegen vor und versprach, den Saal zum Kochen zu bringen.

Danach war nur noch laut, oder, wie der große Udo L. aus Gronau vor vielen Jahren mal sachte: „Jede Menge Phon bis zur Ohramputation".

Nee, also gehört hasse nur „Bumm Bumm Bumm", und die Mädels, die sich sofort auffe Tanzfläche stürzten, grölten irgendwie sowat wie „Atemnot inne Nacht" mit.

Nee danke!

In kurze Zeit waren jedenfalls fast alle Männer raus aus die Bude und draußen auffen Vorplatz, weisse, da konnte man sich wenigstens ma bissken unterhalten ohne sich die Stimmbänder zu ruinieren.

Und Pilsken schmeckt ja auch viel besser, wenn nich so laut is.

Nach ´ne halbe Stunde wurde dat dann ´n bissken ruhiger drinnen, dezente Musik kam ausse Lautsprecher, wohl ausse Konserve, und man konnte die Sängerin hören, wie se sowat von „Musikwünsche" sachte.

„Hört ma, Kollegen." Oberamtsrat Kraushaar stand auf einma bei uns bei. „Lasst uns ma zusammen ´ne Liste machen, wat die da drinnen spielen sollen. Gibt ja auch noch wat anderet als diese Helena Fischkopp oder Maria Rosenzwerg."

Bierdeckel, Kugelschreiber, und nach kurze Zeit hatten wir ´ne Liste zusammen von Smoke on the Water, Honky Tonk Women, Rocking all over the World – eigentlich die ganze Geschichte vom Rock´n´Roll ... Und mir hattense dann die ehrenvolle Aufgabe angedreht, die Bestellung bei der Kapelle abzugeben.

Der Tastenquäler meinte zunächst, dat wär allet kein Problem: Dank moderne Technik könnte man ja heutzutage allet spielen. Aber als er dann unsere Bestell-Liste sah, kuckte er doch ´n bissken doof ausse Wäsche.

„Ja ... äääh ... also ... äääh ... dat tut uns gezz aber leid, aber die Computer-Dateien dafür hammwer heute leider nich dabei. Uns wurde gesacht, dat wär hier 'ne Tanzveranstaltung."

Und dabei versuchte er sich noch so hinzustellen, dat man dat Laptop unter seine Tastatur nich sehen konnte.

Zu spät ... und ich sachte so für ihm: „Hömma! Wat is dat denn? Ihr spielt also gar nich echt, sondern lasst den Computer spielen? Weisse wat? Also ich nenne sowat BETRUG!!!"

Dann hatte ich den stehen lassen und die Kollegen draußen ährssma berichtet.

Im Saal wurde der Musik-Computer wieder eingeschaltet und dabei auch noch 'n bissken lauter gemacht.

Aber nich lange.

Nach 'n paar Minuten waret auf einma mit einem Schlag totenstill und zappenduster im Saal.

STROMAUSFALL!

Und ich kuckte so in die erleichterten Gesichter von meine Kollegen ... nur Kollege O. W. Dickmeier war nich zu sehen.

Hömma, der hat doch nich etwa ...?

Als dann nach 'n paar Minuten die Lichter wieder angingen, kuckte ich so im Saal rein und krichte mit, wie sich die drei Pseudo-Musiker ganz aufgeregt mit ihr'n Laptop am Beschäftigen waren.

Keine Chance!

Durch den Stromausfall hatte dat Dingen 'n Totalabsturz und alle Musik-Dateien waren weg.

Jau, wat gezz?

Die Mädels waren jedenfalls alle am Krakelen von wegen keine Mucke – keine Stimmung.

Und Oberamtsrat Kraushaar stand ´n bissken anne Seite und war mit sein Schmandfoon am Telefoniern, um dann zu verkünden, dat er wohl dabei wär, Abhilfe zu schaffen und Musik zu organisieren.

Wat der wohl vorhatte?

Kollege O. W. Dickmeier wusste natürlich sofort, wat Sache werden sollte: „Ich denke ma, der Kraushaar wird seine Kumpels vom Posaunenchor vonne Lutherkirche zusammentrommeln, dat die uns dann hier wat vortröten.“
„Jau, töffte,“ sach ich, „und wat soll dat? Wird dann auf ´Lobet den Herrn` getanzt oder wat?“

Tatsächlich tauchten ´n bissken später ´n paar Typen mit seltsame Koffer auf, gingen innen Saal, sprachen sich da kurz mit die Computer-Musiker ab und packten ihre Instrumente aus: 3 Trompeten, 3 Posaunen, 2 Saxofone und ´ne Tuba.
`N junget Mädchen setzte sich an dat alte Klavier neben die Bühne und ´n anderer junger Mann quatschte irgendswat mit dem Elektro-Schlagzeuger, der dann kurz ´n paar Stecker umsteckte, bis die Bläser anfingen, ährssma ´n bissken durcheinander zu tröten.

Bis Oberamtsrat Kraushaar mit ´n Megaphon auffe Bühne kam: „So, Kolleginnen und Kollegen! Aufgrund des Versagens der Bühnentechnik werden gezz wir vom Luther-Posaunenchor euch zum Tanzen einheizen … ohne Strom und Elektronik. Viel Spässken!“
Und dann ging dat los: Mit den alten Glen-Miller-Klassiker “In the Mood“.
Hömma, wat glaubsse, wat die Leute alle am Kucken waren, dat diese Blaskappelle offensichtlich ´ne Menge mehr drauf hatte als nur olle Kirchenchoräle.

Auffe Tanzfläche wurde dat gezz richtich voll, et kamen auch noch so richtich töffte Oldies wie „Chattanooga Choo Choo", „Take the A-Train" und jede Menge andere alte Klassiker, sogar Lieder vonne Beatles und Stones hatten die Kirchenmusiker drauf.
Echt gezz, dat war doch ma so richtich gute handgemachte ... oder besser mundgemachte Mucke, und nich so'n Computermist, womit die Informatikusse dich heutzutage die Ohren mit volldröhnen.
Alle hatten richtich Spässken wie schon seit viele Jahre nich, und nach Hause wollte eigentlich keiner mehr.
Irgendswann ging dann noch 'n Hut rum, in dem sich neben jede Menge Kleingeld auch so etliche Geldscheine fanden.

Et war dann schon der neechste Morgen, als Oberamtsrat Kraushaar mit seinem Megaphon dat Ende der Feier ansachte, dabei ließ er noch verlauten, dat nach Absprache mit seine Musiker-Kumpels der Inhalt von dem Hut für'n guten Zweck verwendet werden sollte.
Und der Scheff vom Personalrat hätte auch schon gefragt, ob er und seine Kumpels neechstet Jahr wohl auch wieder spielen würden.
Na klar, hat der Kraushaar doch sofort wieder zugesacht.

Am neechsten Montach stand bei uns inne Tageszeitung, dat sich der Trägerverein vonne Tafel über 'ne Spende in 4-stellige Höhe freuen durfte.

Glück Auf!

W C
D H D
VK 2020

# Gender ... wat?

Jau, bald isset soweit!

Dann fängt dat richtige echte Leben an: nie mehr mitten inne Nacht aufstehen, weil du ja um sieben auffe Sklavenarbeit erscheinen muss und dann von irgendwelchen hirn- und ahnungslosen Pappnasen vorgeschrieben krichs, wat du den ganzen Tach über zu machen has.

Nee, hömma, dann bestimmste endlich selbss, wann du morgens ausse Furzmolle kommss und äährssma, noch im Nachtpolter, ganz gemütlich und in aller Ruhe Bütterken, Käffken und Kippe genießen tus.

Und danach ausgiebig mitte Tageszeitung auffe Lokusschüssel ... Has ja gezz jede Menge Zeit.

Keine „bessere Hälfte", die dich nach fünf Minuten auffen Zeiger geht mit sowat wie: „Hömma, Günner, mach schneller, du muss nache Maloche!"

Nee, wahrscheinlich heißt dat dann: „Hömma Günner, mach schneller! Ich muss auch ...!"

Wie ich letztens die Mitteilung vonne Rentenkasse gekricht hab, so von wegen wat ich so an Rente krich, wennet soweit is, nee, also echt gezz, ich kam da doch so'n bissken am Nachdenken.

Gut, gibt ja noch die Betriebsrente dabei und mein Härzken kricht auch 'ne eigene Rente, weil se in ihr'n Leben ja auch etliche Jahre geklebt hatte ... manchmal auch mir eine.

Aber allet zusammengerechnet: Ääh ... also für jedet Jahr Urlaub auffen Kreuzfahrer reichtet jedenfalls nich. Höchstens ab und zu mal inne Nachsaison anne Nordsee und Mini-Kreuzfahrt mitten Fischkutter.

Ich hab mich deshalb dann auch ma ´n paar Gedanken gemacht, wie man denn zusätzlich noch´n paar Öcken dazu machen kann.

Weil … Büchskes schreiben und ab und zu ma öffentlich wat vorlesen, macht zwar echt Spässken, besonders, wenne andere Leute auch damit Spässken machss. Aber ganz äährlich: Reich wirsse davon nich.


Letztens hab ich angefangen, die Stellenanzeigen inne Zeitung durchzukucken.

Weisse, so ´n paar Stunden inne Woche noch wat dabei verdienen und öfter ma von zu Hause weg … hat ja auch wat.

Und du glaubss dat nich, wie viele „rüstige Rentner/ -innen für leichte Tätigkeiten“ so überall gesucht werden.

Weisse wat mich dabei so ganz extrem aufgefallen is?

Da werden überall Männer und Mädels gesucht … und „D“ … also in die Anzeigen stand dat immer so „m/w/d“. Nä, also „M“ und „W“ is ja klar … ab wat is gezz „D“?

Also Lesben und Schwule können da wohl nich gemeint sein, da erkennste ja noch eindeutig, ob dat gezz Mädels oder Jungens sind.

Und „Transen“? Äääh … nee, kann auch nich, weil – dann würde inne Stellenanzeigen ja „T“ gesucht und nich „D“.

Hömma, wat mach ich mich da eigentlich ´n Kopp drüber?

Ich bin nun mal „M“ und dat is ja auch gefragt, zumindest für die Jobs, wo ich am Kucken bin.


Weisse, früher, als ich noch ´ne Kröte war, war dat allet ´m bissken anders: Vatter ging malochen … am Hochofen oder als Stahlkocher oder, wie mein Vatter, auffen Pütt.

Und da hasse noch ordentlich wat verdient … jedenfalls genug um die Familie zu ernähren und sich ab und zu mal wat leisten zu können: zum Beispiel ´ne moderne Waschmaschine oder den berühmten grün-weißen Staubsauger aus Wuppertal, damit Muttern dat auch 'n bissken einfacher hatte.

Vatter wollte auch nie, dat Mutter arbeiten ging, obwohl sie ja auch 'n richtigen Beruf gelernt hatte.

Es war ihm eben wichtiger, dat Mutter nache Hausarbeit Zeit für mich und die Pflege vonne Nachbarschaft hatte. Und hat auch die ganzen Jahre bestens funktioniert.

Und gezz ma in echt, als dat dann mit diese Alice Schwaazer und die ganze Emazipation losging, war dat ja auch ganz in Ordnung. Warum sollen Mädels nich die gleichen Chancen und Verdienstmöglichkeiten haben wie Jungens?

Aber so inne letzten paar Jahre fingen die vonne Polletik dann doch 'n bissken an für zum Übertreiben. Äääh ... gut, also die Aktion „Mädels in Jungensberufe" war ja auch nix gegen zu sagen.

Obwohl, so dat eine oder andere passte da auch schon nich! Versuch dich ma 'ne „Bergfrau" oder 'ne „Kohlenhauerin" im Pütt vorzustellen. Hömma, dat ging deshalb schon nich, weil dat Beschäftigungsverbot für Frauen unter Tage ja bis zum bitteren Ende vom Bergbau nich aufgehoben wurde. Und jeder, der mal unter Tage war, weiß auch, warum.

Vor 'n paar Jahre hammse dann tatsächlich 'n Gesetz losgelassen, wo inne Stellenanzeigen allet für Männer und Frauen ausgeschrieben werden musste. Daher also dieset besachte „M/W".

Gut, kannze ja auch noch nix gegen sagen, aber viel geändert hatte sich trotzdem nich.

Außer dat beie Feuerwehr schomma 'n Mädel dabei war, oder bei die Maler, Schreiner oder Gärtner.

Oder anne Supermarktkasse schomma 'n Mann.

Jau, und inne oberste Scheff-Etagen, hömma, da reden wir gar nich äährss drüber. Is vielleicht auch besser so.

Weil zumindest für mich eins fest steht: In mein neechstet Leben gibbet für mich garantiert keine Frau mehr als Vorgesetzte. Und ich weiß, wovon ich rede, aber dat Nähere behalte ich lieber für mich, bevor dat noch Ärger mitte Scheffin gibt.

Als vor einiger Zeit dat Wort „Gender" auftauchte, kam ich dann doch wieder ′n bissken am Nachdenken. Und gezz ma in echt: Frag mal Professor Guggel, wat dat eigentlich heißen soll.

Da findeste zwar jede Menge hochwissenschaftlichet Blabla ... aber ′ne vernümftiche Erklärung?

Dat Einzige, wat ich rausgekricht hab is, dat dat ausset Englische kommt und irgendswat mit „sozialistische Geschlechter" oder sowat ähnlichet zu tun hat.

Ääh ... also schlauer war ich gezz auch nich.

Letztens klärte mich mein Kuseng Otto Korsinetzky dann auf. Dat der Otto schon viele Jahre inne Kreisverwaltung am Malochen is, hab ich ja schon öfters mal erwähnt.

Jau, und der Otto erzählte mich dann, dat beie Kreisverwaltung sich so ′n neuen Arbeitskreis gegründet hätte, aus verschiedene Fachleute für Grundsatzfragen vonne Verwaltungsstruktur.

Und die würden sich also gezz mit ′ne bürgerfreundliche geschlechtsneutrale Sprache inne Formulare und Briefe beschäftigen.

Und als Beispiel nannte er dann sowat wie, dat Studentinnen und Studenten anne Fachhochschule inne Kreisstadt gezz nur noch Studierende heißen sollen ... Bor ey, wat ′n Schwachsinn.

Oder für Antragsteller soll man dann Antragstellende sagen.

Und beim Jobcenter, wo der Otto schon seit viele Jahre am Knechten is, soll dat dann nich mehr Kundinnen und Kunden heißen, sondern Leistungsbeziehende.

So, und gezz bin ich wieder da, wo ich vorhin mit meine Ausführungen angefangen hab: Neechstet Jahr, wenn ich inne Rente geh´, bin ich dann nich mehr Rentner, sondern Rentenbeziehender?

Weisse wat?
Da kann ich mich nur noch am Kopp packen.
Vor allem dadrüber, dat so ´n paar überbezahlte Oberamtsräte und andere Sesselfurzer nix anderet zu tun haben, als sich so´n Schwachsinn auszudenken … und allet von unsere sauer erarbeitete Steuern.

Hömma! Die Krönung von diesen ganzen Stuss erzählte beim letzten Kegelabend unser Kumpel Hajo Kröger. Der Hajo is ´n gelernten Diplom-Inschenör für GWS … also Gas-Wasser- und … na-ja-du-weiss-schon bei unsere Kreisstadt Räckelhusen, weisse.
Der musste also letztens an so ´ne Sitzung vom Bauausschuss mit dabei sitzen, wo dat um die "Genderisierung vonne öffentlichen Bedürfnisanstalten" ging.
Du glaubss dat nich … die haben da echt stundenlang ´rumdiskutiert, wie und wo gezz Männer und Frauen ihre Geschäfte verrichten sollen. Aber so, dat alle Örtlichkeiten auch für alle da sein sollen. Also nix mehr mit „D" und „H" anne Lokustüren, sondern … ääh … ja … wat eigentlich?
Der Amtsleiter hätte da wohl sowat vorgeschlagen wie WC mit Urinal und WC ohne Urinal, so für die Beschriftung vonne Türen, aber dat fand irgendswie nich so die Zustimmung von die anderen Quasselköppe.

Also wurde sich äährssma vertagt.

Den Hajo hattense eigentlich nur dazu geholt, von wegen dat Praktisch-Fachliche, der hatte sich dat zwar allet angehört, aber so in sein Inneret immer wieder nur mit 'n Kopp geschüttelt und sich gefragt, wat er eigentlich in diese Schwachmatenrunde zu suchen hatte.

Wo er ja hauptberuflich mehr dafür zuständig is, dat allet mit GWS und HKL, also mitte Heizung und dat Raumklima am Klappen tut.

Als ich den Hajo gefracht hab, warum er denn nich ma vorgeschlagen hat, wie wir dat vor zwei Jahre in Polen mitgekricht haben, da kuckte der mich mit große Klüsen an und sachte für mich: „Hömma, Günner, wieso bin da nich von selbst drauf gekommen? Weisse wat? Ich werd'dat beim neechsten Mal ma vorschlagen. Vielleicht lassen die mich dann endlich in Ruhe mit ihrn Scheiß.“

Nee, also dat muss ich hier gezz doch ma kurz erwähnen: Wir waren mit 'n Kegelclub vor zwei Jahre in Polen, in Krakau und auch 'n bissken inne Umgebung, weisse.

Und da gibbet dat nich mit „D“ und „H“ anne Lokustüren.

Da gibbet nur Lokus mitte entsprechende Kennzeichnung anne Tür ... also WC, die bekannte Doppel-Null oder einfach nur 'n Härzken anne Tür.

Und da gehen Jungens und Mädels drauf. Und kein Schwein regt sich dadrüber auf, dat da keine Trennung is.

Dat hat da schon immer funktioniert und geschadet hattet die Leute in Polen auch nich.

Aber wahrscheinlich darfsse die Oberamtsräte und sonstige Quasselköppe bei uns inne Bananenreppublik mit sowat nich kommen.

Könnte ja sein, datte die damit entweder ihre Existenzberechtigung wegnimmst, oder dat die sich als Beschäftigungstherapie für sich selbst noch größeren Blödsinn ausdenken.

Weisse wat? Gezz hab ich mich hier so richtich intensiv ma über diesen ganzen Gender-Schwachsinn ausgelassen.

Aber mal ganz äährlich: Wat dat "D" inne Stellenanzeigen bedeuten soll, dat hab ich immer noch nich raus.

Vielleicht hat ja von euch einer ´ne Idee.

Glück Auf!

# Früher (war allet besser)?

Mal so 'n ganz doofe Frage an die Leser in meine Alters-klasse: Habt ihr nich auch manchmal dat Gefühl, dat unsere Welt mitte Zeit immer bekloppter wird?
Also ich erwische mich inne letzte Zeit immer öfter dabei, so inne Erinnerungen an Kindheit und Jugend 'rumzukramen.
Und durch dat Fatzebook treff ich immer mehr Leute, die da offensichtlich genau so Spässken dran haben, sich an die gute alte Zeit zu erinnern. Hömma, da is mittlerweile so ein Austausch von Erinnerungen, Geschichten und Fotos zu-gange, du glaubss dat gar nich.
Nee, also gezz ma in echt: Damals konntesse noch mit die anderen Blagen ausse Siedlung auffe Straße spielen. Wenn die Schule aus war, hasse schnell deine Schularbeiten ge-macht und danach hieß dat nur noch: Ab nach draußen ... wir Jungens zum Pöhlen und die Mädels stundenlang mit

riesig Spässken Gummitwist, Hinkeln und wat et sonst noch so gab ... bis dat dunkel wurde.

Oder has dem Vatter im Garten geholfen oder Kohlen eingepannt und damit 'n bissken Taschengeld verdient, watte dann anne Seltersbude umme Ecke in 'ne Tüte Gemischtet umgesetzt has.

Wenne zwischendurch mal Kohldampf hattest, bisse im Garten, hast 'n paar Möhren ausse Erde gezogen, anne Buxe abgeputzt, dat Grünzeuch abgemacht und dann ... nee also dat war schon echt lecker, und die Kumpels hasse auch noch wat abgegeben.

Köstlicher waren nur noch die Hasenbrote, die Vatter vonne Morgenschicht vom Pütt wieder mit nach Hause brachte.

Im Fernseh gab et ja viele Jahre nur bis zu drei Programme, und Vatter bestimmte, wat gekuckt wird ... oder Mutter, wenn Vatter auffe Mittachschicht war.


Telefon hatte fast keiner ... nur der Obersteiger Karl Grollmann, falls mal auffen Pütt wat nich in Ordnung war, und die Erna Holtkötter in ihren kleinen Laden, wo man fast allet zu kaufen krichte, wat man so brauchte.

Ansonsten gab et fast an jede Ecke 'ne Telefonzelle, von wo aus man dringende Anrufe erledigen konnte. Dabei galt natürlich die Grundregel: Fasse dich kurz! Weil, ... je länger du telefoniert has, desto teurer wurde dat, und irgendswann war dat Kleingeld alle.


Jau, dat war damals unser sozialet Netzwerk, hömma. Für uns Blagen war dat draußen, für die Erwachsenen war dat funktionierende Nachbarschaft und für Kontakte nach weiter weg benutzte man dat Medium Pos", dat schon seit die Zeit vonne alten Ägypter vor viertausend Jahre bestens funktionierte.

Wenn ma wat zu besorgen war, egal ob im Laden umme Ecke, anne Post oder auffen Amt, ging dat immer gemütlich ab, war immer Zeit für 'n Pläuschken und et hatte auch keiner eilig.

Und wie bei uns damals 'ne Party abging?
Da hat man sich getroffen mit 'ne Kiste Bier, ein oder zwei Pullen Rotwein aussen Aldi, 'n Kringel Fleischwurst, Brötchen und 'n großet Stück Käse. Manchmal gabet auch noch 'n Pott Kartoffelsalat.
Zwei oder drei Leute hatten 'n Klampfe dabei für Live-Musik ... und dann ging dat ab.
Hat auch keinen interessiert, wat für 'n Zeug zwischendurch geraucht wurde.
Ja gut, die Luft im Pott war damals nich ganz so sauber, weisse.
Bei uns war dat besonders am Montach, wenn die Frauen inne Siedlung Waschtach hatten, immer so, dat man äährssma rauszukriegen versuchte, wann auf Nordstern Koks gedrückt wurde und wie die Windrichtung war. Wenne Pech hattest, ging dann schomma nix mit Wäsche im Garten aufhängen.

Aber weisse wat?
Damals war die Maloche zwar 'n bissken schwerer als heutzutage. Aber dafür hasse auch richtich gut Kohle verdient. Da reichte dat völlig aus, wenn der Vatter malochen ging und Mutter den Haushalt machte, die Blagen großzog und noch gute Nachbarschaft pflegte.
Dat reichte bei den meisten sogar für einmal im Jahr im Urlaub fahren, sich mit der Zeit 'n Auto anzuschaffen und dat Zechenhaus zu kaufen, wo man schon die ganzen Jahre drin gewohnt hat.
Nee, also gezz ma in echt: So richtige Not musste keiner leiden, und wenn doch ma einer 'n bissken inne Bredullie

kam, da gab et immer Hilfe und Unterstützung ausse Nachbarschaft.

Und selbst einer, der vonne Intelligenz her nich so helle im Kopp war, 'n anständigen Beruf zu lernen, fand genuch einfache Anlern-Jobs, wo man gleichfalls genuch verdienen konnte, um 'ne Familie zu ernähren.

So Einrichtungen wie Tafel oder Sozialkaufhaus? Nee, dat brauchte damals keiner.


Computer?

Ääh ... dat Wort hatte man wohl schomma inne Fernseh-Nachrichten gehört. Aber keiner hatte 'ne Vorstellung, wat dat genau sein könnte. Irgendswelchet Teufelswerk, dat wohl für komplizierte Rechnereien zuständig war, um 'n paar Lebensmüde auffen Mond zu schießen und danach wieder auffe Erde zurückzuholen.

Bei uns wurde grundsätzlich im Kopp gerechnet oder mitten Stift auf Papier, so wie wir dat inne Schule gelernt haben.

Taschenrechner? Wat war dat denn schon wieder?

Et gab wohl schon so mechanische Rechenmaschinen, meistens für die Kaufleute und inne Büros, aber dat waren Riesenapparillos und die machten 'n Höllenlärm, dat dich fast die Ohren abgefallen sind.


Nee, also echt, ich möchte die Zeit nich missen und denk immer gerne dran zurück.

Um so töffter is dat, zu wissen, dat ich da nich alleine mit bin.

Und 'n bisskken stolz bin ich auch, dat ich meine beiden Jungens dat eine oder andere davon mit auffen Weg geben konnte.

Und wenne dich die Welt heutzutage bekucken tus:
Hömma, machmal könnt´ ich mich so am Kopp packen, weisse. Nur noch Hektik und Stress, keiner hat Zeit … dat merkste schon jedes Mal im Supermarkt anne Kasse … und ma´n bissken miteinander reden: selten! Vielleicht ma nach Feierabend inne Familie oder wenne dich beim Frisör mal wieder den Kopp zurechtmachen lässt.
Ansonsten siehsse die meisten Leute durch die Gegend hetzen, immer auffen Schmandfoon am Glotzen und wenn mal wat nich so richtich is, sofort mit ´ne große Fresse am Meckern, wat dat denn wohl wieder allet für ´ne Sch… is.
Irgendswie kommt mich dat immer mehr so vor, als ob jeder nur noch an sich selbst denkt. Dat merkste alleine schon da dran, dat so Vokabeln wie Bitte oder Danke offensichtlich am Aussterben sind.
Am weitesten kommt offensichtlich der, der die kräftigsten Ellenbogen hat. Dat merkste immer wieder, wenne regel-

mässig mit Bus und Bahn unterwegs bis, besonders wenne dann zwangsläufig ma innen dicksten Schülerverkehr geraten tus: Da wird nur noch gestoßen und geschoben, um ja als erster im Bus zu sein und den besten Sitzplatz abzukriegen.

Omma und Oppa mitten Rollator haben da gar keine Chance. Und glaub mal nich, dat vielleicht einer von die Blagen 'n Platz frei macht ... Pustekuchen ... die lassen höchstens noch 'ne blöde Bemerkung los, wieso die Rentner, die doch den ganzen Tach Zeit haben, ausgerechnet im Hauptverkehr mitten Bus unterwegs sein müssen.

Hömma, und du darfss da noch nich mal wat sagen ohne zu riskieren, wat auffe Fresse zu kriegen.

Da frag ich mich ernsthaft, wie dat bei denen zu Hause wohl abgeht.


Wie so manche Zeitgenossen heutzutage mit die Kollegen vonne Pollezei, Feuerwehr oder Rettungsdienste umgehen, nur weil se nich allet mit ihr'n Schmandfoon filmen dürfen, hömma, da kannze ja jeden Tach inne Zeitung oder im Fernseh genuch mitkriegen.

Weisse, allet so nach dem Motto "Hauptsache ICH".

Auffe Maloche isset mittlerweile oft genau so. Die Pappnasen mit die größte Fresse und am wenigsten Ahnung kommen nach ganz oben und die, die immer treu und brav ihren Job machen, kucken meistens inne Röhre.

Und immer wieder siehste inne Betriebe so komische Schlipsträger in Konfirmanden-Anzüge rumlaufen, die sich allet ankucken, doofe Fragen stellen und danach auf so 'n Tablett rumtippen.

Die nennen sich wohl Unternehmensberater, weisse, und meistens beraten die die Unternehmer, wie man aussen schlecht bezahlten Malocher für weniger Penunsen noch mehr Leistung rauspressen kann, damit der Reibach stimmt.

Nee, du, geh mich weg.
Und glaub ma nich, dattet inne hohe Polletik anders is.
Weisse, manchmal denk´ ich, der Willy Brandt und der
Helmut Schmidt würden sich im Grab umdrehen, wenn die
dat so allet mitkriegen täten.

Nee, also gezz ma in echt: Früher war vielleicht auch nich
allet besser.
Aber es ging irgendswie allet viel ruhiger und gemächli-
cher ab.
Und die Leute gingen mit viel mehr Respekt und Wert-
schätzung miteinander um.

Vielleicht darf ich dat ja auf meine alten Tage noch mal
erleben, dat sowat wieder modern wird.

Glück Auf!

# Wer is Alexa?

„TACH, GÜNNER!!!"

Hömma, ich dachte äääährssma ich krich ´n Schlag von hinten auffe Runkel, drehte mich um und sah mein Kuseng Otto, also den Otto Korsinetzky – hab ich ja schomma öfters von erzählt, ne? Also der kam von hinten auf mich zu, kuckte mich echt wichtich an.
Und bevor er die Schnüss aufmachen konnte, fragte ich: „Samma, Otto, hasse se noch alle anne Waffel, datte mich so von hinten anbölken muss, dat ich fast ´n Herzklabaster krich?"
„Ääh ... tut mich leid, Günner, wenn ich dich gezz ..."
„Nee, lass ma, Otto. Muss ja wohl wichtich sein, wenne so laut brüllen muss, dat die halbe Kleinstadt dat mitkricht."

Bor ey, der Otto kuckte mich an wie´n Auto, nur nich so schnell ... Dann fragte er: „Samma, Günner, hasse eigentlich inne letzte Zeit den Bernie Freitag ma wieder gesehen?"
„Nee, wieso," sach ich, „is mit den Bernie irgendwat Schlimmet?"
„Weisse, Günner, ich hab den Bernie gezz schon ´n paar Tage nich gesehen und nix von gehört. Und die olle Emma Wotzek bei ihm gegenüber sacht, der Bernie würd´ nur noch selten aussen Haus gehen. Sie müsste dat ja mitkriegen, wo se mit ihrn Rheuma nur noch den ganzen Tach mitten Kissen am Fenster sitzen und rauskucken tut."
„Weisse wat, Otto?", sachte ich für mein Kuseng. „Der wird wahrscheinlich wieder im Garten in sein Schuppen sitzen und irgendswat austüfteln, wat die Welt nich braucht. Und in ´n paar Tage kommt er damit raus und geht uns allen ma wieder so richtich auffen Zeiger mit sein Scheiß."

„Hömma Günner, da is wat anderet im Busch. Ich glaub, der Bernie hat ´ne Perle!“

Bor, dat saß!
Echt gezz! Der Bernie Freitag ´ne Perle?
Hömma, dat kann nich sein!
Ääärstens konnte der Bernie noch nie mit Mädels ...
... und zweitens würde dat keine lange mit ihm und seine bekloppten Ideen aushalten.
Mir fiel da nur diese Riesenaktion vor zwei Jahre mit seine "Baumkunst" mit die zerhackten und bunt angepinselten Bäume ein, die er damals unter ´n falschen Name fast inne Kreisstadt der Kunsthalle angedreht hätte. *)
Und ich kuckte den Otto so an und fragte: „Sach ma, wie kommsse denn auf sowat?“
„Ja weisse, Günner, die Emma Wotzek erzählte mir letztens wat von ´ne ´Alexandra` oder ´Alexa` oder so ähnlich. Die würd´ dem Bernie wohl in viele Sachen dat Leben leichter machen. Muss wohl ´ne ganze Ecke jünger sein dem Name nach. –Hömma, ich muss weiter, aber ich halt´ dich auffen Laufenden. Bis neulich!“

Weg war er.
Und gezz ma in echt: Wat macht mein Kuseng sich eigentlich ´n Kopp über einen, mit dem sowieso keiner so richtich kann, weil er einfach nur ´n bissken durchgeknallt is.
Aber so isser, mein Kuseng Otto.
Muss überall seinen Riechkolben reinstecken, damit er ab und zu auch ma wat zu sagen hat. Wo er schon zu Hause nix zu melden hat.
Nee, also ich hab mich weiter keinen Kopp mehr gemacht.
Hab ja auch noch wat anderet zu tun ... zum Bleistift annet neechste Büchsken arbeiten.

`N paar Tage später ergab sich dat dann, dat ich mal wieder keine Kippen mehr hatte. Also auf nache Trude Kißkamp ihre Seltersbude und Nachschub holen.
Eigentlich geh ich ja ganz gerne nache Trude, weisse, da erfährsse immer dat Neueste ausse Nachbarschaft … und wer weiß … wahrscheinlich weiß die Trude auch über den Bernie seine Perle Bescheid.

Dat Dumme is nur, dat du auffen Weech nache Trude bei dem Bernie vorbei muss. Und gezz ma in echt: Großen Bock auf den sein Gequatsche hatte ich so gar nich.

Glück gehabt!
An den Bernie sein Küchenfenster kam ich unbehelligt vorbei. Wahrscheinlich war der wieder in sein Schuppen im Garten am Rumwuseln.
Und beie Trude konnte ich in aller Ruhe meine Kippen und noch ´ne Tüte Gemischtet für´n Enkel kaufen.
Jau, und dann kuckte die Trude mich an und frachte: „Samma, Günner, hast du eigentlich irgend ´ne Ahnung, wat mit den Bernie los is?"
„Nee, Trude. Ich hab eher gedacht, du wüsstest, wat Sache is. Wo du doch sonst auch immer über allet Bescheid weiß."
„Also allet wat ich weiß, is, dat der Bernie schon lange nich mehr hier war. Keine Kippen und kein Pilsken mehr geholt … Hömma, ich hab dat an mein Umsatz schon gemerkt. Weisse, inne letzte Zeit hält wohl schomma öfters dat gelbe Postauto oder so´n Getränke-Service vor sein Haus. Lässt sich wohl gezz allet direkt nach Hause liefern, anstatt ma ab und zu ´n bissken Kontakte inne Nachbarschaft zu pflegen. Echt gezz, wat ´n Heiopei.
Weisse wat, Günner? Wenn ich nich genau wüsste, wat der Bernie für ´n Piesepampel is, hömma, ich könnte glatt denken, der hat ´ne Perle."

„Bor, Trude, so ´ne Idee hatte Kuseng Otto letztens auch. Aber gezz ma in echt: Wer will dat denn lange mit dem Pannekopp aushalten?“

Und die Trude ganz leise am Flüstern: „Hömma, Günner, ich hab da neulich sogar ´n Name gehört: Die soll `Alexa` heißen, wahrscheinlich aussen Osten oder so. Aber mehr weiß ich auch nich.“
„Jau, Trude, wenn dat so is, dann lass dich wat! Tschüsskes!“

Wie der Deubel dat wollte: Ich kam gerade an den Bernie sein Fenster vorbei, als dat aufging und der Bernie seinen Quadratschädel raussteckte.

„TACH, GÜNNER!“

Bor ey, dat kam wieder wie so´n Schlag vor´n Kopp. Und ich für den Bernie: „Glück Auf! Ey, sach ma, wat musse eigentlich so rumbölken, dat einem fast die Trommelfelle platzen? Ich hab meine Lauscher noch ganz gut in Schuss.“
„Ach so. Weisse, ich muss noch ´n bissken an meine Aussprache arbeiten, damit die Alexa versteht, wat ich se sach. Meistens tut et ja am Funktionieren. Aber die is im Wohnzimmer, und wenn ich schomma auffen Boiler sitz und will se wat sagen, na ja, da musse schomma wat lauter, sonst versteht die nich, wat ich von se will.“
„Wie? Ey, sach ma, Bernie, dann is an dat Gerücht echt wat dran?“
„Wat für´n Gerücht?“
„Na, dat von deine Perle Alexa, hömma, hat sogar die Trude Kißkamp schon von erzählt, weisse.“
„Äääh ... nee, Günner, nix Perle. Aber weisse wat? Komma rein, ich zeig dich ...“

Also gezz ma in echt: Da hatte ich so gar keinen Bock drauf.
Wenne beim Bernie ährssma drin bis inne Bude, dann sabbelt der dich zu, datte zum Schluss gar nich mehr durchblickst.
„Nee, lass ma sein, Bernie. `N anderet mal vielleicht. Hab´ gezz weenich Zeit, weisse. Lissken wartet zu Hause und wir müssen noch nachen Aldi.“
„Jau, Günner, dann bis neulich. Aber musse ma kucken kommen … und bringsse bissken Zeit mit …“

Auffen Weg nach Hause ging mir dann so einiget durchen Kopp: Also nix Perle!
Aber wat dann?
Nach angestrengtet Nachdenken kam ich zu dat Ergebnis, dat Alexa ganz eindeutig ´ne schwerhörige Haushaltshilfe irgendwo aussen Osten sein musste.
Hab dann auch nich mehr weiter drüber nachgedacht.

Als mein Härzken und ich dann im Aldi fertich waren, lief uns auffen Parkplatz doch glatt Kuseng Otto übern Weg.
„Hömma, Günner, hasse eigentlich ma wieder wat von den Bernie gehört?“
Ich kuckte ihn an: „Nee, Otto. Und wenne genau wissen willz: Ich war zwischendurch beie Trude Kißkamp. Die wusste auch nix. Nur, dat der Bernie bei ihr auch nich mehr vorbeikommt. Der würde sich wohl gezz allet nach Hause liefern lassen.“
„Und wer is diese Alexa?“
„Weisse wat, Otto? Ich hab den Bernie vorhin kurz gesehen, als ich beie Trude Kippen geholt hab. Hatte aber keine Zeit für ihm, weisse. Wenn ich dat aber richtich verstanden hab, is Alexa wohl seine neue Haushaltshilfe. Aussen Osten und kann schlecht hören. Mehr weiß ich auch nich. Und gezz Tschüsskes, wir müssen noch ´n bissken weiter!“

Nee ey, wat ′n Hallas. Wenn der Otto so neugierig is, soll er doch selbst beim Bernie vorbeikucken. Und gezz ma in echt: Ob der Bernie nu ′ne Putzfrau oder ′ne Perle oder wat auch immer zu Hause hat, oder in China kippt ′n Sack Reis um ...

Wenn da gezz nich meine bessere Hälfte wär ... Kennz ja die Mädels: Wenn die einmal wat mitgekricht haben, geben die nich eher Ruhe, bisse allet ganz genau wissen. Mein Härzken is da auch nich anders!
„Sach ma. Günner, so ′ne Hilfe im Haushalt wär doch für uns auch nich schlecht. Könnte mir ′n bissken wat abnehmen und ich hätte mehr Zeit für uns und für mich!"
Ick kuckte se an: „Äääh ...“
„Also pass ma auf, Günner: Du gehst die Tage bei den Bernie vorbei und fragst, ob die Alexa nich Bock hätte, bei uns auch ′n paar Stunden inne Woche zu helfen ... so für′n Zehner inne Stunde.“
Na ja, ma kucken, vielleicht die Tage ma.

Gezz ergab sich dat, dat ich den neechsten Tach nochma nache Trude ihre Seltersbude musste ... Kippen waren ma wieder alle ...
Nee, die Trude wusste noch immer nich mehr wie den Tach davor, aber als ich auffen Rückweg beim Bernie vorbeikam, ging auch sofort sein Küchenfenster auf:
„Tach Günner, wie isset?“
„Glück auf, Bernie. Sach ma, hätte deine Alexa vielleicht noch Bock auf ′n zweiten Job für′n paar Stunden inne Woche?“
Bor ey! Den Blick vom Bernie hätteste gezz ma sehen müssen!
„Sach ma, Günner, wie kommsse denn gezz auf sowat? Du bis wohl gar nich auffen Laufenden mit die neueste Technik. Komma rein, ich zeig dich.“

Und bevor ich beim Bernie rein ging, kuckte ich mich so'n bissken dezent um und sah, wie die Emma Wotzek auffe andere Straßenseite sich auf ihr Kissen im Fenster lehnte und richtige Stielaugen krichte.
Jau, und gezz denk ma nich, dat da beim Bernie inne Bude auch nur ansatzweise wat zu erkennen war, wat irgendwie auf die gelegentliche Anwesenheit vonne weibliche Person schließen ließ.
Und der Bernie zeigte auch sofort auf so 'ne Art Konservenbüchse auf seine Anrichte im Wohnzimmer und sachte: „So, Günner, kuck ma, dat is dat neueste Wunderwerk vonne moderne Computertechnik und heißt Alexa!"

Äääh ... wat?
Also im ersten Moment hab ich gedacht, gezz wär dat soweit, dat se mich abholen und inne Klapse bringen würden.
„Jau, Günner, gezz kucksse, wat?"
„Und wat soll dat, Bernie?"
„Also ma ganz einfach ausgedrückt – damit du Technik-Leggastennicker dat auch verstehst: Alexa is so 'ne Art Teil von mein Computer und Internet und kann hören, watte se sachss und reden ... also antworten, wenne se wat frachst."
Ich kuckte den Bernie an ... Hömma, in dem Moment wollte ich mich nich selbst im Spiegel sehen. Ich muss jedenfalls ziemlich doof ausse Wäsche gekuckt haben.
„Jau, Günner, und die kann auch dat eine oder andere erledigen, wenne se dat sachs."
„Äääh ... wie dat denn? Gezz sach nich, die kann auch Bier und Kippen besorgen."
„Doch, Günner ... nee, also gezz nich so direkt bei die Trude an ihre Bude, die hat ja kein Online. Aber wenn ich die Alexa sach, dat ich 'ne Kiste Bier und 'ne Stange Kippen brauch, dann bestellt die dat über dat Internet beim Getränkemarkt 'Gut Schluck' – und 'ne Stunde später krich

ich dat geliefert. Gelatzt wird dann auch online. Hömma, bequemer kannze et doch gar nich haben.“
„Äääh ... und dat geht auch mit andere Sachen?“

„Na klar, Günner. Dat tut auch bei Feinkost Albrecht funktioniern, genauso wie bei Ciska und Anna. Pass ma auf, ich zeig dich ma.“
Und dann kuckte der Bernie nach diese Konservenbüchse auffe Anrichte rüber und sachte für ihr: „Alexa, mach ZDF an!“
Tatsächlich ging die Glotze an und schaltete auffet Zweite, weisse, da wo man angeblich besser kucken kann, und ich krich irgendwie mit, wie der Bernie die Alexa sachte, sie soll gezz auf WDR umschalten.
Jau, und auch dat funktionierte.
„Siehsse, Günner, is doch töffte. Dat funktioniert auch mit Radio oder Musik aussen Internet.“
Und zu Alexa: „Spiel Häbbärt Gröhlemeyer!“
Sofort kam dat berüchtigte „Hetz schwapp die Wupper“ ausse Boxen.
„Bor, nee, Bernie mach dat weg! Ich kann dat Gejammer nich mehr hör´n!“
Der Bernie kuckte nur einmal nach die Büchse rüber und brüllte: „ALEXA! STOPP!“
Sofort war Ruhe im Karton und der Bernie musste gleich weiterquasseln: „Gezz hab ich mittlerweile auch die Kaffeemaschine, den E-Herd, dat Licht und die Heizung mitte Alexa vernetzt ... jau, und staubsaugen kannse gezz auch.“
„Wie dat denn? So wie die Büchse da auffe Anrichte steht? Hömma! Dat geht doch gar nich.“
Und der Bernie kuckte wieder nache Alexa und sachte sowat wie: „Alexa! Staub saugen!“
Hömma, da kam tatsächlich so´n neumodischen Staubsaugroboter umme Ecke und fing an, im Wohnzimmer seine Runden zu drehen.

„Siehsse, Günner! Und neechstet Jahr geht dat im Garten weiter: Ährssma mitten Mähroboter und dann weiter mitten Rasensprenger."

Ich kuckte den Bernie an: „Sach ma, Bernie, machst du überhaupt noch irgendwat selbst?"

„Na klar, Günner. Bierpulle aufmachen und im Glas kippen kann die Alexa noch nich. Den Grill anmachen und die Würstkes drauflegen kann se auch nich. Und 'ne Kippe anmachen, muss ich auch immer noch selbst. Aber weisse wat? Da arbeite ich noch dran."

„Äääh … ma so ganz unter uns, Bernie: Kann die Alexa auch so ganz spezielle Filme – du weiß schon, wat ich meine – inne Glotze abspielen?"

„Weisse wat, Günner? Probier aus und sach se wat!"

Ich drehte mich also nach die Alexa um und sachte für ihr: „Alexa, mach ma 'n Porno an!"

Kuckte schon ganz erwartungsvoll auffe Glotze rüber und hörte auf einmal 'ne nette, freundliche, aber irgendwie auch mahnende Stimme hinter mich:

„DU FERKEL!"

Und inne Glotze kam auf einmal 'ne Reportage über die Annegret, also diese Kampf-Knarrenbrauer.

„Hömma, Bernie, da musse aber noch dran arbeiten, weisse. Und gezz ährssma Tschüsskes."

Beim Rausgehen musste ich dann noch aufpassen, dat ich nich über den Staubsaugerroboter flog, der im Wohnzimmer noch immer seine Runden drehte.

Draußen auffe andere Straßenseite kuckte die Emma Wotzek noch immer mitten Kissen auffe Fensterbank aus ihrn Küchenfenster und frachte mich: „Hömma, Günner, wat is 'n da los beim Bernie?"

Und ich ging nach se rüber und sachte nur: „Weisse wat,
Emma? Nix, wo du wat mit anfangen könntest. Nur moderne Computer-Technik. Für mich is dat auch nix."

Auffen Weg nach Hause kam bei mir auf einmal die Frage
auf, von wegen die Verbindung mitten Internet, und wer da
so mitkricht, wat der Bernie mitte Alexa allet am Verhack-
stücken is.
Der Zuckerberg? Der Bill Gates? Der Bundesinnenminister?
Oder vielleicht irgendwelche Geheimschnüffler?

Also wenn se den Bernie demnächst mitte Funkstreife abholen, wissen wir mehr.

Jau, und meine bessere Hälfte werd´ ich auch nur erzählen,
dat Alexa ´ne Blechbüchse is, die quasseln und hören kann.
Bevor se noch auf dumme Gedanken kommt ...

So lange unsere Knochen noch gesund sind, können wir
uns auch immer noch selbst unsere Dingens erledigen und
kommen wenigstens ab und zu raus anne frische Luft

Glück Auf!


*) Kucksse ma in mein Büchsken „Wat willze", Seite 43,
Kapitel „Tree Art"

# Einfach nur zu doof

Hömma, weiß ja jeder, dat unsern Herrgott die Menschen so mit verschiedene Talente und Fähigkeiten ausgestattet hat, ne?
Da gibbet welche, dat sind begnadete Handwerker: Gib so einen 'n Haufen Bretter und dat passende Gezähe, und der zaubert dir in kurze Zeit 'n echtet Schmuckstück von Wohnzimerschrank oder sowat.
Andere brauchen nur 'n Stück Papier, 'n paar Farben und Pinsel und machen davon 'n wahret Meisterwerk ausse Kunstgeschichte.
Ich kenn zum Beispiel einen: Gib dem 'n Musikinstrument inne Hand und 'ne Stunde Zeit ... und der spielt dat, als ob er sein ganzet Leben lang nix anderet gemacht hätte.

Dann gibbet Leute, die haben dat Talent, über Leichen zu gehen und rücksichtslos auffe Kosten vonne kleine Leute soviel Penunsen zu scheffeln und zu horten, wie se die ganze Welt in tausend Jahre nich verjubeln kann. So 'ne Leute nennt man auch Wirtschaftsbosse, Top-Manager, Investmentbanker oder Polletiker.

Jau, und dann gibbet die breite Masse vonne normale Menschen, die einfach nur treu und brav ihrer Maloche nachgehen, geduldig ihre Steuern und Abgaben latzen und die Wirtschaft am Laufen halten.

So, und dann gibbet noch welche, die sind einfach nur doof.Manche sogar so doof, dat se nichma hinkriegen, 'n Eimer Wasser umzukippen.
Glaubsse nich?
Hömma, genau so 'n Prachtexemplar is mir neulich übern Weg ... oder besser gesacht ... vor unsere Haustür gelaufen.

Also dat war an einen Freitach Nachmittach. Ich hatte gerade meine üblichen Klamotten erledigt und ´n lecker Pilsken aussen Kühlschrank genommen, als auf einmal die Klingel vonne Haustür losging.

Äääh ... nee, mein alten Schulkumpel Rolf Pappkötter konnte dat noch nich sein. Der wollte ja äährss um halb acht kommen, um dann als Gast mit mir bei unsern Kegelabend mitzumachen.

Ich ging also anne Tür, machte auf, und da stand da so´n jungen Typ vorre Tür, hatte ´n Pappkärtken inne Flosse und quasselte sofort los: „Einen schönen guten Tag, ich komme von der Firma Innocky, Ihrem Energieversorger. Sie haben ja sicherlich vor einigen Tagen Post von uns bekommen.“

„Häh?“ Ich kuckte den Freier schon absichtlich ´n bissken angesäuert an. „Wat für´n Brief? Euern letzten Brief war vor 6 Wochen die Stromrechnung, und die fand ich nu so gar nich spaßig:“

„Ich meine das Schreiben aus der letzten Woche, mit dem die Übernahme von Innocky durch RWO angekündigt wurde und damit der Abschluss neuer Energieverträge notwendig ist.“

„Ja und gezz?“

„Ich habe von RWO-Strom den Auftrag, die elektrische Anlage Ihrer Liegenschaft zu prüfen, insbesondere die Hauptsicherung, den Zähler und die Unterverteilung.“

„Hömma, du Heiopei, bevor du hier weiter sabbelst, zeig äährssma deinen Dienstausweis!“

Der hielt mir dann direkt sein Pappkärtken vor die Nase, dat hab ich ihm natürlich direkt abgenommen, kuckte mit einen erkennbar kritischen Blick drauf und erkannte ´n ziemlich undeutlichet Logo von RWO, ´n Name “Benno Dingenskirchen” oder so und die Bezeichnung “Anlagenprüfer“. Na ja, und so vonne Aussprache her war der auch nich von hier ausse Gegend.

„Hömma“, sachte ich für ihm, „dat soll'n Dienstausweis sein? Weisse wat, so'ne Pappkarte kann ich mit mein Computer auch selbst machen – und garantiert inne bessere Qualität.“

„Ja aber ...“

„Nee, nix aber! Du kommss hier nich rein!“

„Das sollten Sie sich aber gründlich überlegen, Herr Mambrallek, wenn Sie in zwei Monaten zum Winteranfang kein Gas mehr für Ihre Heizung geliefert bekommen ...“

„Also pass ma auf, du Blitzbirne, du komms hier und gezz trotzdem nich rein. Wenn irgendswat mitten Vertrach zu regeln is, dann mach ich dat persönlich im Kundenbüro von Innocky inne Kreisstadt, aber definitiv nich mit dir hier anne Haustür! Also ... kannz wieder abdackeln.“

Bor ey, der Schnösel hatte wohl immer noch nich gemerkt, wo der Hase am Laufen is, kuckte mich ziemlich doof an und sachte noch sowat wie: „Herr Mambrallek, Sie werden schon sehen, wenn nächste Woche Ihr Kabelanschluss und Ihr Telefon abgeschaltet werden.“

Hömma, wie viele Klabusterbeeren muss einer eigentlich inne Runkel haben, wo unsereins dat Gehirn sitzen hat?

Und ich sachte für ihm, schon ziemlich laut und sehr direkt inne Fresse: „Gezz pass ma auf, du Sockenbeutel! Kümmer' dich lieber um deine Pferde, da scheinste ja mehr Ahnung von zu haben, und sieh zu, datte Land gewinnst!“

„Pferde? Wie kommen Sie denn darauf?“

„Gezz hömma zu, du Intelligenzbolzen! Meinst du, ich merk dat nich, dat du mir hier ganz übel einen vom Pferd vorlaberst? SO, UND GEZZ NIMM DEINE PORREEPIEPEN INNE FLOSSEN UND VERPIESEL DICH. SONST GIBBET LANGEN HAFER ...“

Dabei hatte ich schon extra auffällig meinen Regenschirm vom Garderobenhaken genommen und 'n bissken hochgehoben.

Ziemlich knatschig machte sich die Hohlbirne auffen Rück-
zug, drehte sich noch mal um und nuschelte dabei sowat
vor sich hin wie: „Ich werde Sie anzeigen … wegen Beleidigung und Bedrohung.“
„Dann mach dat, du Klappstuhl! Viel Erfolg!“

Also gezz ma in echt – wie dieser Bajuffe auffen Trichter
kam, ich hätte ihn beleidigt oder bedroht, hömma, dat kann
ich also irgendswie nich so recht nachvollziehen.
Oder hat von meine Leser hier irgendwer ʼne Beleidigung
oder Prügelandrohung festgestellt?
Weisse, an dat berühmte Wort von den ollen Goethe, dat
mit A anfängt und mit Loch aufhört, kann ich mich jedenfalls nich dran erinnern, dat ich dat gesagt hab. Und selbst
wenn … wärʼ ja in dem Fall nix anderet als die nackte
Wahrheit gewesen. Und meinen Regenschirm wollte ich ja
lediglich vom Garderobenhaken nehmen und im Schrank
packen.

Zufällig kam in diesen Moment mein Nachbar Kalle Bergner, seines Zeichens Kommissar beie Kripo inne Kreisstadt,
umme Ecke.
„Tach, Günner! Bor ey, da hasse dem Döspaddel aber so
richtich einen mitgegeben.“
„Jau, Kalle“, sach ich für ihm, „wat der mir allet für Märchen
verklickert hat, nur um irgendswie bei mir inne Bude rein-
zukommen … also echt gezz … wie doof muss so einer
sein?“
„Günner, du glaubss dat nich. Bei mir hatter et gestern
auch probiert … die Nummer mit die Rauchmelder für zum
Überprüfen, weisse. Hatte soʼn nachgemachtet Pappkärtken vonne Feuerwehr dabei. Wat meinste, wie olympiareif
der losgeflitzt is, als ich ihm meine Dienstmarke gezeigt
hab.“

„Ach! Bei mir wollte er äährss die Unterverteilung vom
Strom prüfen, dann auf einma den Gasanschluss und zum
guten Schluss sabbelt er wat von Kabelanschluss, den ich
doch gar nich hab. Also wenn einer schon inne Hütte rein
und ausbaldowern will, ob et wat zu holen gibt, dann muss
er dat schon ´n bissken intelligenter machen.“
„Günner, ich krieg dat ja jeden Tach im Dienst mit, wie
viele Dumpfbacken dat so gibt, die nich nur zu bekloppt
sind, ´ne vernümftiche Maloche nachzugehen. Nee, selbst
um sich als Kleinganove durchzuschlagen, reichtet im
Kopp nich aus. Aber dieser Piesepampel hier is sogar für
zum Leben einfach nur zu doof!“

Glück Auf!

## Haste ma ´n Euro?

So ... Wochenende ma wieder vorbei.
Montachmorgen ... so ´ne Krawatte ... bis runter am Bach-
nabel. Nee, also gezz ma ich echt: Man sollte Montage abschaffen!

Aber bringt ja nix, also sitz ich gezz im Bus Richtung Hauptbahnhof und von da aus geht et dann noch zwei Stationen mitten Zuch nache Maloche.
Mit zehn Minuten Zeit zum Umsteigen, dat reicht, um im Bahnhofsshop noch ´ne Packung Kippen und ´ne Zeitung zu kaufen.

Hömma, ich war von Bus aus vielleicht drei Schritte weiter, da kam so´n Heiopei auf mich zu … kaputte, dreckige Buxe, speckige Jacke, verfilzte Haare bis am Hintern und ´ne Schnapsfahne, dat du dir gewünscht hättest, ´n schweret Atemschutzgerät dabei zu haben. So´n anderen ganz markanten Duft verströmte der nebenbei auch noch, aber da lass ich mich gezz lieber nich weiter drüber aus. Kann ja sein, dat der eine oder andere von euch vielleicht gleich noch wat spachteln will.

„Moin, Scheff, haste ma ´n Euro?"
Ich kuckte ihn an: „Häh, wat?"
„Ob du ma ´n Euro übrich has!"
Irgendswie war mich dat so, als ob da inne Tasche von seine Joppe ´n Flachmann steckte.
„Hömma!", sachte ich für ihm. „Kannze gut kucken?"
„Scheff, wie meinze dat?"
„Ganz einfach: Kucksse ma da nach links inne Straße rein!"
„Jau, und dann?"
Weisse wat, irgendswie musste der sein Hirn wohl schon halb mit billigen Schabau betäubt haben.
„Dann kuck ma da an dat Ende vonne Straße. Wat siehsse da?"
„Äääh …"
„Also, wenne da genau hinkuckss, dann siehsse da dat Arbeitsamt und dat Jobcenter!"
„Scheff, wie meinze dat?"

„Pass ma auf, du Blitzbirne, da wird um acht Uhr losgemacht. Und dann gehsse da hin und frachss ma nach ARBEIT, Maloche, Rabotti, weisse. Und wenn gerade nix mit Maloche is, dann frachsse im Jobcenter nach Knete, da wirsse auf jeden Fall geholfen. Und gezz sieh zu!"

So! Thema durch!
Ich hab nur noch zugesehen, meinen Zuch zu kriegen. Musste ja schließlich auch pünktlich auffe Maloche auflaufen.
Weisse, für so 'ne Typen, die ihr ganzet Leben dadrauf aufbauen, ohne zu malochen durchzukommen und dabei andere Leute anzufleddern, kann ich irgendswie so gar kein Verständnis aufbringen. Schon gar nich, wo et in unsere Bananenrepublik genug Stellen gibt, wo man geholfen wird.

Nach 'n Feierabend auffen Weg nach Hause hatte ich dann im Bahnhofsshop auch meine Kippen besorgen können, wollte über'n Busbahnhof nach mein Bus und, weil ja noch 'n bissken Zeit war, noch ganz gepflegt eine quartzen.
„Ey, Alter, hasse ma 'ne Fluppe übber?"
Dat kam irgendswie von hinten her und ich drehte mich um.
Da stand so'n jungen Bengel hinter mir, höchstens zwanzich, Joggingbuxe und Kapuzenpulli an und so'n komischen Blick inne Visage, den ich so ganz und gar nich leiden kann.
„Wat is, Alter? Hasse gezz 'ne Kippe?"
Ich kuckte 'ne direkt so inne Klüsen: „Pass ma auf, du Rotzlöffel! Gehsse ma da im Bahnhof, da is 'n Laden, da kannze dich welche kaufen. Und inne andere Richtung is 'ne Trinkhalle, da gibbet auch welche zu spicken!"
Hab 'ne dann stehen lassen, bin weiter in Richtung nach meine Bushaltestelle und hörte hinter mir noch irgend sowat wie: „Ollen Wichser."

Weisse wat? Sowat geht mir mittlerweile am Allerwertesten vorbei.

Dat Ömmaken, dat mit ihr'n Rollator übern Busbahnhof
schob, hab ich dann noch meine zwei leeren Pfandpullen
vonne Maloche inne Tasche gesteckt, kriegte noch'n dank-
baren Blick von ihr mit, jau, und da kam auch schon mein
Bus vorgefahren.

Nee, also gezz ma in echt: Jeden Tach dat selbe Theater.
`N bissken Ruhe is eigentlich nur, wenn die Kollegen vonne
Pollezei ma 'n bissken Präsenz zeigen, um dat offizielle
Alkoholverbot zu überwachen. Aber die können ja auch
nich immer und überall sein.

Traurig genuch is ja, dat immer mehr Leute nach vierzich
oder fuffzich Jahre Maloche nich ma genug zum Leben haben.
Aber dat so einige faule Socken meinen, sich dat ganze Leben auffe Kosten vonne Allgemeinheit durchzuschnorren,
nee, also dafür kann ich so absolut kein Verständnis aufbringen.

Glück Auf!

# 1984 plus

Bor ey, ich frach mich mittlerweile immer wieder, wo diese ganzen Telefonterroristen meine Nummer herhaben.

Also gezz ma in echt: Es vergeht kaum ´ne Woche, ohne dat so ´ne Blitzbirne bei mir anruft und meint, mir irgendswelchen Stuss andrehen zu müssen, den die Welt nich braucht oder mir doofe Fragen zu stellen zu meine Essgewohnheiten, meine polletische Gesinnung oder die Verhältnisse in meine Familie.

Hömma, dat geht die doch wohl ´n feuchten Kehricht an.

Also aussen Telefonbuch können die die Nummer nich haben ... die steht da nämlich gar nich drin. Und von meine Seite aus wissen die Nummer nur meine neechsten Angehörigen, Freunde, mein Hausarzt und die Sparkasse.
Sonst keiner!
Nich mal mein Scheff!
Jau, ich weiß, der hätte die gerne ... um mir vielleicht auch noch im Urlaub oder am Feierabend auffen Zeiger zu gehen.
Und meine Handy-Nummer?
Hömma, die wissen noch weniger Leute.
Weisse, so allmählich kommt bei mir der Verdacht auf, dat da die Telebimm meine und viele andere Telefonnummern für teuer Penunsen anne Werbefirmen verticken tut.
Anders kann dat eigentlich nich sein.
Nee, solange mir diese Telefonterroristen weiter auffen Zeiger gehen, werd´ ich se auch weiterhin mit meine mittlerweile altbekannte Methode abwimmeln.
Und irgendswann kommt dann die Zeit, wo der Name Mambrallek zum Schrecken bei alle Call-Centers wird.

Aber et is ja nich nur dat.
Gibt ja noch andere Klamotten, wo du dich nur noch am Kopp packen kannz.

Von meinen alten Schulkumpel Rolf Pappkötter hab ich ja vor ´n paar Jahre schomma erzählt, ne. Wie der auf einmal für´n paar Wochen tot war, und dat nur, weil ´n Sachbearbeiter bei seine Krankenkasse im Computer ´n Häksken falsch gesetzt hatte. Auf einmal wusste die ganze Republik von den Rolf sein Ableben und der hatte ´n Nervenkrieg, dat kannze dich gar nich vorstellen. *)

Und letztens hab ich 'n Dingen mitgekriegt, da hatte der
Rolf damals noch richtig Glück gehabt.

Einen Freitachabend trafen wir uns ma wieder mit 'n paar
Kumpels bei Stratmanns Jupp inne Kneipe, für 'n paar lecker Pilskes schlabbern, bissken quatschen und auch
schomma wat knobeln, so mit Becher und Würfel, weisse.
Is ja mittlerweile auch mehr oder weniger 'n aussterben-
der Sport.
Zu unserer Runde gehört außer mein Kuseng Otto, dem
Bruno Schmalzig und dem Hajo Kröger auch der Ulli Czerwonka.
Der Ulli is eigentlich 'ne ziemlich arme Socke, schon 'n
paar Jahre keine Maloche mehr, mit Ende Fuffzich keine
Aussicht auffen vernümftichen Job und deshalb auch schon
etliche Jahre auf Hartz 4. Damit kann er sich natürlich nich
unbedingt dat meiste leisten.
Aber weil wir inne Nachbarschaft 'n ollen Kumpel nich
einfach hängen lassen, wird er eben von unsere Runde auf
dat eine oder andere Pilsken eingeladen – und beim Knobeln lassen wir ihn auch schomma gewinnen.

Den letzten Freitach wollte der Ulli eigentlich gar nich mit-
kommen. Äährss nachdem wir ihn noch mal ordentlich
bekniet hatten, is er dann doch bei Stratmanns Jupp aufgelaufen.
Aber gezz ma in echt: Mit so 'ne bedröppelte Visage wie
diesmal hatte ihn noch keiner vorher gesehen.
Und ich sachte für ihm: „Hömma, Ulli, wat is denn mit dich
passiert? Is dich 'ne Laus überre Leber gelaufen oder wat?"
„Ach nee, Günner, is nix weiter."
Und der Bruno kuckte ihn an: „Gezz ma Butter bei die Fische, Ulli. Dat sieht man dich doch auffen äährsten Blick an,
dat du irgends 'n Brassel am Hals has. Hömma, wir sind
deine Kumpels, da kannze uns ruhig verklickern, watte has.

Hömma, vielleicht finden wir ja zusammen ´ne Lösung.
Also komm, raus damit!"
Der Ulli holte ´n zerknitterten Brief ausse Jackentasche:
„Kuckt ma hier! So ´ne olle Sch…!"

Bor, ey, du glaubsset nich.
Da habense dem Ulli ´n Bußgeldbescheid vom Jobcenter
über hundertfuffzich Euronen geschickt, so richtich förm-
lich mit Zustellungsurkunde vonne Post und so.
Der Wisch ging äährssma inne Runde, jeder kuckte drüber,
aber keiner hatte ´ne Idee, wat dat sollte. Angeblich sollte
der Ulli irgendswo ´n Vermögen gebunkert haben, ohne
beim Jobcenter Bescheid zu sagen. Dat wär dann Sozialbe-
trug und müsste bestraft werden.
Nee, also gezz ma in echt: Woher sollte der Ulli ´n Vermögen herhaben?
Dat bissken Gesparte hatte doch damals vor zwölf Jahre
seine Olle mitgenommen, als sie zu so´n reichen Fatzke mit
Villa und dicken Schlitten abgehauen is.
In unsere Knobelrunden haben wir ihn auch kein Vermögen gewinnen lassen.
Und den dicken Hund im Lotto? Nee, also da hätte der Ulli
mindestens ´ne Runde geschmissen.

Irgendswie hammwer dann aus ihm rausgekriegt, dat er im
Lauf vonne ganzen Jahre jeden Monat ´n paar Öcken auffen
Sparbuch gepackt hat, weil, beim Jobcenter hätten se ihm
gesacht, dat er dat darf, damit er wat hat, wenn ma der
Kühlschrank oder der Ofen inne Binsen geht. Jau, und da
sind dann in die ganze Zeit so umme tausend Euronen zu-
sammengekommen, wat der Ulli auch auffen Jobcenter
gemeldet hatte. Da hatten se ihm dann gesacht, dat wär in
Ordnung und da will keiner dran.
So! Gezz muss ich ja nix weiter drüber sagen, wat für Zinsen man auffen Sparkonto kricht: nämlich NIX!

Also war der Ulli dann dahergegangen und hat letztet Jahr 'n Teil von dat Gesparte in Geschäftsanteile von seine Volksbank angelegt, damit weenichstens ein paar Eurodollars im Jahr bei rumkommen.
Im letzten Jahr waren dat dann acht Euro elf an Zinsen, oder Dividende, oder wie dat heißt, wat da rausgekommen is, und irgendswie muss dat Jobcenter dat wohl spitzgekricht haben.
Wahrscheinlich hat dann so'n Schnellmerker in dem Saftladen mal ausgerechnet, wie viel Knete einer auffen Sparbuch haben muss, um so 'n Riesenreibach zu machen.
Also, ich hab dat ma so ganz grob überschlagen: Bei die aktuelle Zinslage musse da schon so Achzichtausend auffen Konto haben.
Jau, und dann hammse dem Ulli 'n netten Brief geschrieben, dat er dat ma erklären sollte.
Der hatte natürlich nix davon kapiert.
Wie auch? Wer soll diese ganze doofe Paragrafenreiterei denn verstehen?
Der Ulli hatte den Brief also anne Seite gelegt, sich nix weiter bei gedacht, und dann passierte äährssma gar nix mehr.

Bis gezz.
Jau, und da hammse den Ulli dann verknackt.

Inzwischen hatte Kuseng Otto dat Pamfleet inne Hand.
Gezz muss ich dabei sagen: Der Otto malocht beie Kreisverwaltung im Jobcenter, weisse. Aber inne andere Stadt, wo allet noch einigermaßen am Funktioniern tut.

„Pass ma auf, Ulli, ich sach dich gezz, wat du am besten machss: Äährssma Widerspruch, und danach erklärste die Kollegen vom Jobcenter von deine kleine Finanztransaktion bei deine Bank. Packste die Belege dabei und schickst dat Ganze mit Einschreiben und Rückschein zum Jobcen-

ter. Damit haben die dann äährssma ´n Haufen Arbeit und
so lange musst du überhaupt nix löhnen."
„Und dat funktioniert, Otto?"
Der Ulli kuckte den Otto total ungläubig an.
„Na sicher! Hömma, ich kenn mich da aus. Wenne willz,
dann setzen wir uns ma kurz zusammen, ich tu für dich
den Widerspruch schreiben, datte nur noch unterschrei-
ben muss, dann suchen wir die Belege zusammen und danach schickste dat ab. Und solange von die Kollegen nix
kommt, tuse dich nich weiter ´n Kopp machen."
„Ach, dat is aber töffte, danke, Otto."

Gezz kuckte der Ulli schon wieder viel zuversichtlicher.
Und wir alle kuckten den Otto an … bor ey … so kannte ihn
eigentlich noch keiner von uns.
„Sach ma, Otto", frachte ich ihn, „wat ich bis gezz noch nich
kapiert hab: Woher weiß dat Jobcenter denn überhaupt,
dat der Ulli 8,11 Öcken beie Bank gekricht hat? Gibbet da
nich sowat wie Bankgeheimnis und Datenschutz?"
„Günner, na klar gibbet sowat, jedenfalls auffen Papier.
Aber weisse wat, vor ´n paar Jahre hat die Polletik ma be-
schlossen, dat dat für Sozialleistungsempfänger allet ´n
bissken lockerer zu sehen is. Seitdem gibbet dat Bundes-
amt für Finanzen, dat Bundesversicherungsamt und vorher
schon dat Bundeskriminalamt. Dat sollte am Anfang dafür
gut sein, gegen Schwattmaloche, Steuerhinterziehung,
Geldwäsche und schwattet Geld und so, weisse. Jeder Cent
an Kapitalertrag und jeder Cent an Lohn muss da gemeldet
werden. Und die sind über unsere ganze Bananenrepublik
so perfekt vernetzt, dat die besser über dich Bescheid wissen als du selbst. Die Jobcenter kriegen jeden Monat automatisch die Daten überspielt, wer vonne Kundschaft irgendswie wat gemacht, gekricht oder sonst wat hat. Bei so
´ne Auswertung werden se dann wohl auch auffen Ulli gekommen sein. Wisst ihr wat, Kumpels? Ich find dat auch

´ne riesengroße Sauerei, und deshalb hab ich auf den Scheißjob auch keinen Bock mehr drauf."

Bor ey! Wir haben uns alle nur noch angekuckt. So weit isset also schon.

Und wenne gezz ma überleechss: Dat soll allet noch weiter ausgebaut werden, mit Telefonüberwachung und Internetüberwachung ... so von wegen, dat ja der eine oder andere ja mal wat Kriminellet planen könnte. Also besser alle Leute überwachen, irgendwann kommen se dann auch auf die Ganoven.
Hömma, meinetwegen können se dat bei die machen, die für sowat bekannt sind, damit kriegen se die Komplizen am Kragen.
Nee, du! Unbescholtene äährliche Bürger ausspionieren? Sowat geht gar nich!

Hatten wir sowat nich schomma in die tausend Jahre von 1933 bis 1945?
Und danach noch mal über 40 Jahre im Osten von unsere Republik?
Isset nich schon genug, wenne an jede Ecke von ´ne Videokamera aufgenommen wirss?
Neulich krichte ich inne Nachrichten im Fernseh mit, wie unsern Bundesinnenfuzzi mit die Schnapsidee rauskam, sowat wie "biologische Gesichtserkennung" ... ääh, ach nee, dat heißt irgendswie anders ... jau, gezz hab ich dat wieder: biometrisch heißt dat, so wie diese digitale Fototechnik für dat Bild auffen Perso, wo du nich ma ´n bissken nett lächeln darfss.
Und wo die Computerexperten gezz so ´ne Softwehr erfunden haben, wo jede Videokamera dein Gesicht erkennen und mit dat gespeicherte Passbild vergleichen kann, da können die sofort erkennen, ob der Günner Mambrallek

gerade übern Busbahnhof läuft und sauer is, dat der Bus
ma wieder vorre Nase wegfährt, oder ob er im Laden im
Bahnhof 'ne Packung Kippen oder die Tageszeitung kauft.
Und die ganzen Aufnahmen sollen dann im Pollezeicompu-
ter gespeichert und mit die Fotos von bekannte Ganoven
verglichen werden.
Bor ey ... darfsse gar nich dran denken.
Äährssma haben die Datenschützer dat gezz abgebogen.
Aber wer weiß, wat da noch kommt. Da sind unsere Polle-
tikheinis ja manchmal richtich kreativ.

Letztens war ich ma wieder in unsere töffte Stadtbücherei.
Ma wieder 'n bissken auffen Büchermarkt stöbern, weisse.
Und da krichte ich 'n Büchsken inne Flossen, hömma, da
hatte ich in meine jungen Jahre schomma gelesen, war von
einen gewissen Schorsch Orwell und hieß einfach nur
„1984".
Und da machte dat auf einmal Klick in meine Birne und der
ganze Inhalt von dat Buch war wieder da.
Hömma, is doch logisch mit dat ganze Datenschmutzbrim-
borium. Immerhin is 1984 ja schon mehr als 35 Jahre vorbei.

Also dann

Glück Auf!

MEGA MAX
ZARAMBA
ELKEA
V K 2020

# Götterboten

Dingdong.

Bor ey, wat is dat denn gezz schon wieder?

Da willze dich dat gerade auffe Lokusschüssel bequem machen und ausgerechnet in den Moment muss der Gong anne Haustür losgehen.

Na gut, besser gezz als 'ne Minute später.

Also die Buxe wieder hoch und ab anne Tür.

Jau, und wat war?

Ich seh die Karre von diese Götterbotenfirma – ich glaub Hermes heißen die – gerade noch umme Ecke wegflitzen, kuck im Postkasten und seh so'n Zettel mit die Nachricht, von wegen dat die Zustellung von meine Sendung nich möglich war, weil keiner zu Hause wär.

Und mein Päcksken könnt' ich dann morgen früh in so'n Laden anne Beethovenstraße abholen.

Hömma, die Blitzbirne von Paketbote hätte ja wenigstens noch 'n paar Sekunden warten und vielleicht noch 'n zweites Mal auffe Klingel drücken können.

Aber nee, keine Zeit. Hauptsache, die Schicht schnell rum und frühzeitig Feierabend.

Und unsereins kann dann am neechsten Tach durche halbe Stadt gurken, um an seine bestellten Klamotten zu kommen.

Also gezz ma in echt: Unter Service versteh' ich 'n bissken wat anderet.

Aber wat willze machen?

Also am neechsten Tach bin ich mitte Karre nache Beethovenstraße hingefahrn nach diesen Hermes-Shop, um an mein rechtmäßiget Eigentum zu kommen.

Hermes-Shop hört sich gezz ja so richtich hochtrabend an, is aber nix anderet als 'ne bessere Seltersbude. Und wenne Pech has, kannze dich inne Schlange von Rentnern anstellen, die sich ihre Kippen oder Pilskes holen. Ganz schlimm

isset, wenne dann 'ne Horde Blagen vor dir has, von denen
jeder sich 'ne Tüte Gemischtet bestellt.
Ja gut, da sach ich gezz nix für, wir waren ja als Kröten
auch nich anders.
Aber wär ja allet nich nötig gewesen, wenn dieser Heini
von Paketbote ma bissken mehr Geduld gehabt hätte.
Nach 'ne halbe Stunde hatte ich dann endlich mein Päcks-
ken und bin wieder ab nach Hause.
Und eins weiß ich: Wenn ich irgendswann nochma wat im
Internet bestellen tu, dann nich mehr da, wo se die Pakete
mit die Götterboten ausliefern – weisse, dat is wie so 'ne
göttliche Vorsehung, wie du an deine Lieferung kommss.
Na ja, gezz is dat bei mir ja so, dat ich eher selten wat im
Internet bestellen tu.
Also genau genommen nur dann, wenn ich dat, wat ich
brauch, nich zu Hause vor Ort oder inne Stadt krich.
Und dat passiert mir vielleicht alle zwei Jahre ma.


Letztens haben wir uns mit'n paar Kumpels ma zu dat
Thema 'n bissken ausgetauscht.
Hömma, da hörsse Klamotten ... da war mein letztet Erleb-
nis mit den Paketbote echt harmlos gegen.
Weisse, da kriegste schomma mit, wie so'n Päcksken inne
Altpapiertonne abgeliefert wird.
Ich darf gar nich dran denken, wie dat is, wenn der Paket-
fahrer vergisst, 'ne Nachricht im Postkasten zu stecken.
Dem Bruno Schmalzik hatte letzten Monat ma einer dat
Päcksken einfach über die Hecke auffen Balkon geschmi-
sen ... Gut, dat dat nur 'ne Büchersendung aussen Edition
Paashaas Verlag aus Hattingen war. Ich stell mir gerade
vor, dat wär dat gebrauchte Hutschenreuter-Porzelan ge-
wesen, dat sich seine Hettwich 'ne Woche später bei Ebay
bestellt hatte.
Darfsse gar nich dran denken.
Aber die Krönung war letzte Woche:

Ich hatte mal wieder 'n rosafarbenen Urlaubsschein von mein Doktor gekricht und war also tachsüber zuhause.

Sitz gemütlich mit 'n Pilsken und 'ner Kippe auffen Balkon … hab ja 'ne Wohnung im Parterre, weisse … und krich noch mit, wie mein Nachbar Mehmet Yilmaz aussen dritten Stock mit sein Dackel vonne Gassi-Runde zurückkam.

Kurz danach geh ich inne Küche für noch 'n Pilsken aussen Kühlschrank holen, und genau in dem Moment klingelt dat bei mir anne Tür.

Wie ich aufmach, steht da so'n Heiopei von so'ne Paketfirma anne Tür. Nee, also gezz nich von die Götterboten und auch nich vonne Post.

Nee, also der Name von diese Firma erinnerte mich mehr an irgendso'n Lied von diese Rock-Kapelle aus Australien, wo einer immer 'ne kurze Buxe auffe Bühne anhatte … Atze-Detze oder so … äääh … gab dat nich auch ma so'n Sprengstoff?

Na, jedenfalls is der Typ 'ne große schwere Kiste am Schleppen und fragt mich, ob ich wohl 'n Paket für Yilmaz annehmen könnte.

Ich kuck ihn an und frag äährssma ganz doof: „Hömma, hasse denn schomma bei Yilmaz geklingelt?"

Und er in so'n komischen Deutsch: „Ja, hab isch. Aber keiner da sein und aufmachen."

„Hömma", sach ich für ihm, „ich hab den Mehmet vor fünf Minuten gesehen, wie er mit sein Hund vom Gassigehen zurück is. Also der is auf jeden Fall zu Hause. ALSO! Du nimmst gezz deine Kiste und trägst die selbst 'rauf im dritten Stock … und dann drücksse beim Mehmet ma richtich auffe Klingel!"

Boah ey, der kuckte mich an wie Auto, wollte auch noch wat sagen, aber ich nur noch zu ihm: „Hasse wohl gedacht, 'n Doofen zu finden, der deine Maloche macht und die Kiste für dich nach oben schleppen tut? Also mach gezz dein Job!"

Dann hab ich ihn stehen lassen, krich aber noch mit, wie
der Typ laut am Fluchen die schwere Kiste nach oben
nachen Mehmet hievt.
Echt gezz, 'n Kerl wie 'n Baum, Flossen wie Pannschaufeln
und dann glauben, ich mit meine kaputten Knochen würde
seine Arbeit machen.

Weisse, früher wie dat nur die Post gab, war dat allet 'n
bissken einfacher.
Da gab et eben nur die Post und sonst nix. Und die Fahrer
waren allet Beamte ... also so 'ne Art Diener des Staates.
Und die waren alleine deshalb schon verpflichtet, ihr'n Job
vernümftich zu machen ... und dafür wurden se auch einigermaßen ordentlich bezahlt.
Meistens fuhr so'n Postfahrer sein Leben lang immer im
gleichen Bezirk, so dat man sich kannte und er auch inne
Nachbarschaft Bescheid wusste, wo er seine Päckskes loswerden konnte, wenne ma nich zu Hause warss.

Nee, also gezz ma in echt: Dat is doch allet nur so gekommen wegen dieset Internet.
Da krichse so ziemlich allet, wat die Welt nich braucht,
meistens billiger, und kannze bequem von zu Hause aus
bestellen. Und wenn wat nich passt, schickste für Umme
wieder zurück.
Und je bequemer die Leute werden, desto mehr Päckskes
werden inne Weltgeschichte rumgeschickt und desto mehr
Paketboten probiern aus, wie oft se ihre Pakete bei die
Erdgeschossbewohner loswerden können.
Ne du, geh mich weg.

Ich hab ja vorhin schomma gesacht: Shoppen im Internet
gibbet für mich nur, wenn et überhaupt keine andere Mög-
lichkeit gibt, dat, wat ich brauch, zu kaufen.

Ansonsten hab ich meinen Kram noch fast immer bei uns
im Ort oder inne Kreisstadt gekricht.
Und wenn nich, fahr ich mit mein Seniorenticket von unsern Verkehrsverbund auch schomma nach Dort... äääh ...
Essen. Weisse, da gibbet noch´n paar mehr Fachgeschäfte,
und bisher hab ich da eigentlich noch immer gefunden, wat
ich gesucht hab – inklusive vernümftiche Fachberatung,
Und dabei auch noch´n töfften Tach gehabt.

Sollte man vielleicht ma drüber nachdenken, bevor man
immer nur mit´n Schlepptopp auffen Schoß auf  seinen
Allerwertesten sitzen bleibt und mit´n paar Mausklicks die
halbe Welt kauft.
Die Händler bei uns inne Kleinstadt würde dat ganz gut
tun.
Und wir hätten vielleicht auch keine leerstehenden Läden
mehr.

Glück Auf!

# Kassenbon gefälligst!

„So, dat macht elf Euronen, Günner."
„Jau, Recep, ich glaub ich hab passend."
Und während der Recep Karaoglu die beiden türkischen Pizzen am Einpacken is, leg ich ihm die Knete passend auffe Theke.
Weisse, zum Anfang von dat neue Jahrzehnt haben Lissken und ich ... oder eigentlich eher Lissken ... uns gedacht, uns ma wieder wat Leckeret zum Spachteln zu gönnen.

Nach Weihnachten hatten wir schon den Enrico Pizzarelli drei Häuser weiter ´n bissken wat verdienen lassen, also war gezz ma der Recep anne Reihe.
Man soll sich ja alle Nachbarn warmhalten.

Der Recep stellte mir die Papiertüte ... Plastiktüten sind ja mittlerweile verboten ... mitte Pizzen auffe Theke, packt die Penunsen inne Kasse und sacht für mich noch: „Günner, nimmsse aber den Kassenbon mit.“
Ich kuckte ihn an.
„Hömma, Recep, wat is dat denn? Wat soll ich denn damit? Ich glaub dich dat auch so, dat du mir für zwei Pizzen elf Öcken abgenommen has.“
„Ja, weisse, Günner, dat is wegen dat neue Gesetz ab dieset Jahr. Ich muss gezz jeden Kunde ´n Kassenbon inne Hand drücken, sonst mach ich mich strafbar. Und du kannz dich dat ja gar nich vorstellen, wie dat Finanzamt gerade uns türkische Geschäftsleute auffe Finger kuckt.“
„Nee, echt gezz?“
„Ja wat denkst du denn? Hömma, nimm den Wisch bitte mit und gut is. Aber denk dran, nich im Altpapier ... is Sondermüll, weisse.“
Gut! Ich wollte mit dem Recep ja nu nich zanken, also hab ich den Bon mitgenommen.
Die Pizzen waren wie immer echt lecker, aber anders kennen wir dat ja vom Recep auch nich.
Aber wieso soll so´n Zettel Sondermüll sein? Is doch nur Papier. Äährssma hab ich mir da weiter keinen Kopp drüber gemacht und den Kassenzettel wie bisher auch ganz normal im Altpapier gepackt.
Zufällig stand am neechsten Tach dazu wat inne Zeitung, so von wegen irgendswelche Chemikalien, die in dat Papier drin sein sollten ... so “Bio-Pantool” oder “Bepantool” ... ääh nee ... “Bio-Pantool” konnte ja nich sein, weil, is ja Bio

mit im Wort drin. Dann dürfte so 'n Kassenbon ja auch nich schlecht für die Umwelt sein.

Weisse wat? Is doch eigentlich piependeckelegal. Hab ja schließlich nich Chemie studiert.

Wat mir allerdings auffiel is, dat mittlerweile für jeden Kleinkram in jeden Laden so'n Zettel rausgegeben wurde.

Die Krönung war, als letztens im Backshop umme Ecke die kleine Schackeline Kemper für fuffzich Cent für'n einzelnet Brötchen so 'n Wisch mitnehmen musste. Danach wollte se an Trude Kißkamp ihr Büdchen noch 'n Negerk..., ääh, Mist … darfsse ja mittlerweile auch nich mehr für sagen ohne gleich als Rassist zu gelten … auf jeden Fall so'n Dingenskuss kaufen, um den dann zwischen die zwei aufgeschnittenen Brötchenhälften zu packen und dat Ganze zusammen zu drücken. Matschbrötchen heißt dat hier!

Hömma, wat lecker. Schon bei den Gedanke da dran läuft mir so richtich dat Wasser inne Schnüss zusammen. Echte Pottblagen werden mich verstehen.

Gezz frach ich mich, ob die Schackeline von die Trude auch so'n Kassenbon mitnehmen musste.

Die Trude hat zwar schon seit 'n paar Jahre so 'ne Registerkasse … oder wie die Dinger heißen … aber ich kann mich nich erinnern, dat irgendswer schomma so'n Belegzettel inne Flosse gedrückt krichte.

Aber dat kannze ja rauskriegen, ob se gezz auch …

Ich musste die neechsten Tage sowieso beie Trude vorbei, Kippen holen, weisse.

Und du glaubss dat nich, die drückte mir für zwei Packungen Zigaretten tatsächlich so'n Zettel inne Hand.

Ich kuckte se groß an: „Sach ma, Trude, wat soll dat eigentlich? Fängsse gezz auch mit diesen Schwachsinn an?"

„Lass ma gut sein, Günner. Seit dem ersten Januar muss ich dat, sonst gibt dat Ärger mitten Finanzamt, weisse. Is doch so'n neuet Gesetz. Mein Steuerverräter hat mich sogar verraten, dat dat Finanzamt regelmässig Testkäufer losschicken tut, um zu kontrolliern, ob auch jeder in sein Laden ́n Kassenbon rausgibt.“

„Hömma, und dat musst du als Kleingewerbetreibende auch machen?“

„Ja sicher, Günner, wat denkst du denn? Da bin ich gezz auffe gleiche Stufe wie Feinkost Albrecht. Nee, Günner, ich will keinen Ärger, und ́n paar Jahre will ich hier noch ́n bissken für euch da sein. Dat is doch immerhin mein Leben, weisse.“

„Jau, Trude, da sachsse wat.“

„Günner ... und weisse wat ich am meisten befürchte?“

„Nee, Trude, sach ma ...!“

„Du kannz dich doch noch an den Auftritt letztens von diesem Staatsrat Nikolaus Matschick erinnern, weis schon, dieser Piesepampel vonne Alternativen für Dumpfbacken. Der hat zwar bei mir Platzverbot, aber wer sagt denn, dat der seinen Parteikumpel, diesen Ranzigen oder wie der heißt, nich als Testkäufer bei mir vorbeischicken tut? Weisse, ich kenn ́ den nich und ich hab auch nich dat Bedürfnis, diesen Sockenbeutel kennenzulernen.“

Inne Zwischenzeit war noch der olle Reviersteiger Paul Blauschwick dazu gekommen: „Glück Auf zusammen!“

Und zur Trude: „Schätzken, tuse mich ma bitte den neuen Kicker, ́ne Gletscherprise und ́n Püttmann. Kassenzettel brauch ich nich, den kannze behalten. Kannz dich auch drauf verlassen, dat ich kein Testkäufer bin und auch mitten Finanzamt nix am Hut hab.“

Und während die Trude sich dran gab, die Bestellung fertich zu machen, sachte der Paul zu mir: „Hömma, Günner, is dat nich ́n absoluten Tullux mit diesen Kassenbonwahn seit ́n paar Tage?“

„Jau, Steiger, da sachsse wat. Man sollte diesen Finanz-Olaf damit erschlagen.“

„Nee, Günner“, sachte der Paul für mich, „nich den Scholze!
Diese Schnapsidee stammt ursprünglich von sein Vorgän-
ger, den Schäubel mit sein AOK-Chopper. Der hat diesen
ganzen Schiselameng schon vorbereitet ...“
„Mag ja sein, Steiger, aber der Scholze hätte den ganzen
Stuss wieder zurückpfeifen können. Hatter aber nich! Und
damit is er mitverantwortlich!“
„Wo du recht has, hasse recht, Günner. Also, dann fang ma
am Sammeln an.“

Der Paul hatte gerade seine Bestellung eingepackt und den
Kassenbon inne Patte gesteckt, als mein Vetter Otto – den
kennt ihr ja mittlerweile auch – dazukam.
„Tach zusammen, wie isset?“
„Glück Auf, Otto, wie sollet denn sein, hömma?“, sachte der
Paul für ihm. „Sach ma, du als alten Paragrafenreiter vonne
Kreisverwaltung: Haste nich ma ’n Tip, wat man denn mit
dem ganzen neuen Sondermüll machen kann, der da gezz
entsteht?“
„Häh ... Sondermüll? Also gezz ma in echt: Reviersteiger,
ich weiß nich, wat du meinst.“
„Bor, Otto! Ich rede von die ganzen Kassenzettel, die se dir
gezz überall inne Läden andrehen. Haste noch nich gehört,
dat die so voll Chemie sind, datte die nich im Altpapier
schmeißen kannz?“
„Ach so, dat meinsse.“ Otto kuckte den ollen Reviersteiger
’n bissken ernüchtert an. „Also ich hab die äährssma gesammelt. Weisse, meine Olle braucht immer Zettel für zum
Einkaufsliste machen oder als Notizzettel. Is doch praktisch, kannze ebens wieder verwenden, brauchss kein No-
tizblock kaufen und machss damit noch wat von wegen
diese Nachhaltigkeit oder wie dat heißt. Und wenn dat alle
machen, kannze vielleicht noch ’n paar Bäume retten.“

Ich hatte gezz schon zweimal dat Wörtken „sammeln" gehört.
Und so allmählich wuchs da so ′n ganz bekloppter Gedanke in meine Birne:
Sammeln! Genau dat isset!
Ich sachte für die Trude: „Hömma, haste nich noch ′n leeren Salateimer vom Kücken-Klaus aus Datteln-Klostern irgendswo rumstehen?"
„Einen? Günner, ich hab noch ′n paar hinten im Lager. Hömma, ich mach die richtich töffte sauber und dann sammeln wir alle ausse Siedlung die Bons. Aber sach ma: Wat dann?"
„Ganz einfach, wenn wir ein oder zwei Kilos zusammenhaben, packen wir die im großen Briefumschlag und schicken die ohne Absenderangabe nach Berlin zum Finanzministerium, an den Finanz-Olaf. Und statt ′ne Briefmarke kommt nur ′n Notiz auf den Umschlag ′Entgelt zahlt Empfänger′. Und dann soll der Scholze kucken, wie und wo er den von ihm verursachten Sondermüll los wird."

Hömma, wir haben dat durchgezogen.
Gehört hasse aber aus Berlin bis gezz nix weiter dazu.

Glück Auf!

# Telebimm-Fernseh (Telefon 13)

So, Feierabend.
Meine Fresse nee, war dat wieder 'n stressigen Tach auffe
Maloche. Also da lass ich mich gezz hier nich weiter drüber
aus.
Auffen Nachhauseweg hatte dann die Bahn wieder ma 'n
bissken Verspätung: Nich viel, aber genuch, dat ich am
Hauptbahnhof inne Kreisstadt von mein Bus nur noch die
Rücklichter bekucken konnte.
Also äährss ma Jacke und Schuhe aus und dann gepflegt
wat spachteln …

Jödel-di-dödel … Jödel-di-dödel …

Bor ey, kommsse gerade inne Tür rein, has ma eben Jacke
und Schuhe aus und wirss sofort vom Telefon genervt.
Dann kuck ich so auffen Display vom Telefon: Nee, nä? Dat
is doch diese Nummer mitte 0800 … die seh' ich schon seit
Wochen jeden Tach auffe Anrufliste, immer zu 'ne andere
Zeit, aber immer, wenn normale Leute auffe Maloche sind.
Als ob die am anderen Ende vonne Leitung nich kapiern,
dat die breite Masse vonne Leute tachsüber arbeiten sind.

Jödel-di-dödel … Jödel-di-dödel …

Na warte, du krichs gezz äährsma wat zu hören!

„Mambrallek, Glück Auf! Pass ma auf: Ich hab gezz keine
Zeit für dein' Scheiß. Wenne mir unbedingt wat verkaufen
willz, wat die Welt nich braucht, musse später noch mal
probiern! TSCHÜSSKES!"

So, fertich.
Ich glaub nich, dat der nochma …

Also äährssma die leckere warme Fitzebohnensuppe ver-
schnabuliert, die mein Härzken mit viel Liebe für mich
gebruzzelt hat. Dann Fernseh angemacht: "Aktuelle Stunde", weisse.

Jödel-di-dödel ... Jödel-di-dödel ...

Nee, nä? Dat is doch schon wieder die altbekannte Num-
mer.
„Mambrallek! Glück Auf! Wat willze?"
„Schönen guten Tag, Herr Mambrallek. Die Deutsche Tele-
bimm, Pascal Klingelmann ist mein Name. Sie haben vor
ein paar Wochen einen neuen Vertrag bei uns mit der neu-
esten Voice-IP-Systemtechnik für schnelles Internet abge-
schlossen ..."
„Ja und?"
„Herr Mambrallek, hat man Ihnen nicht die Option Tele-
bimm-Internet-TV angeboten? Für zehn Euro zusätzlich im
Monat bis zu dreihundert TV-Sender?"
„Nee! Hat man nich! Brauch ich auch nich!"
„Ja, wie schauen Sie denn TV? Doch nicht etwa mit so einer
altertümlichen Sat-Schüssel?"
„Hömma, du Heiopei, dat geht dich doch wohl 'n feuchten
Kehricht an, wie und wann ich inne Glotze kucken tu! Aber
wenne dat unbedingt wissen willz: Auffen Sofa sitzen mit'n
lecker Pilsken dabei und 'n lecker Härzken auffen Schoß.
Und wenn dat Programm zu Ende is, noch Ringelpietz mit
Anpacken ... wenne weißt, wat ich meine. So, mehr sach ich
dich nich!"
„Herr Mambrallek, das meine ich nicht. Was ich sagen will:
Die Deutsche Telebimm ist auf dem Weg, der größte TV-
Anbieter ..."
„Jau, du Klingelmänneken, und in China is gestern Nach-
mittach 'n Sack Reis umgefallen. Also pass ma auf: Ich hab
bei euch 'n Vertrag über Telefon und Internet. Mehr

brauch ich nich. Fernseh kuck ich mit Antenne und so´n
Reziewer ... oder wie dat heißt. Da sind schon vierzich
Sender drauf, dat sind schon minnigens fünfunddreißig
zuviel."
„Herr Mambrallek, wir bieten Ihnen dreihundert Pro-
gramme ..."
„Bor ey, du Schnellmerker, ich brauch nur drei: Erste,
Zweite und WDR. Da bin ich mein ganzet Leben mit ausge-
kommen. Du glaubss doch nich in echt, dat ich für die Privaten noch extra dafür latzen tu, datte bei die rund umme
Uhr mit Reklame zugeschmissen wirss."
„Ja, aber ..."
„Nix aber, hömma, und auf dat ganze Hartz-4-TV hab ich nu
überhaupt keinen Bock, und dat kratzt mich auch nich,
welche verkrachten Existenzen sowat wie Superstars werden wollen oder sich in irgendswelche Dschungelcamps bis
auffe Knochen blamiern tun. Dat hab ich deine Kameraden
im Telebimm-Shop auch schon gesacht. Aber dat scheint ja
bei dir nich angekommen zu sein."
„Herr Mambrallek, das heißt also, Sie haben kein Interesse
...?"
„Meine Fresse, nee, du Blitzbirne, hasse dat endlich kapiert? So, und gezz Tschüsskes!"

So, fertich.
Und gezz ma in echt: Wat soll ich mit dreihundert Fern-
sehprogramme?
Kucken kann ich immer nur eins.

Glück Auf!

# Digitalet Gezähe

Hömma, ich hab mich ja letztens echt gewundert, nä.
Weisse, seit der Bernie Freitag in seine Bude nur noch mit
seine Alexa zugange is, siehsse den eigentlich kaum noch
innet öffentliche Leben.

Um so mehr war dat wie 'n Wunder, ihn bei die Trude Kißkamp ihre Bude zu treffen, wie er gerade 'ne Packung Kippen und 'n Viererpack Püttmänner inne Jacke steckte.

Ich kuckte ihn ganz erstaunt an: „Sach ma, Bernie, bis du
dat in echt oder is dat dein Geist, der da gerade der Trude
die Bude leer kaufen tut?"
„Ääh! Tach, Günner ... sach ma, wie kommsse denn gezz auf
sowat?"
„Ja ... weil ... Du has dich ja wochenlang nich mehr inne
Öffentlichkeit blicken lassen. Selbst die olle Emma Wotzek
von gegenüber wusste nix mehr von dir, obwohl die von
morgens bis abends in ihrn Küchenfenster liegt. Die hat
wohl schon gedacht, du liegst inne Küche und bis am Ver-
faulen."
„Ach weisse, Günner, manchmal muss dat, 'n bissken anne
frische Luft, ma die Beine vertreten und so ..."
„Jau, und die Klamotten besorgen, wofür die Alexa zu doof
is, weisse", wurde er von Trude unterbrochen, „äährss
große Töne am Spucken, wat die so allet kann und dann tut
die ganze Technik doch nich am Funktionieren. Geh mich
doch weg mit so'n Stuss!"
„Wie?" Ich kuckte den Bernie ganz erstaunt an: „Is deine
Alexa kaputt oder wat? Is doch kein Wunder, wat die allet
für dich machen muss, hömma. Meinste nich, dat die auch
mal 'n bissken Pause braucht?"
„Ach nee, Günner, dat isset nich. Ich hab einfach nur vergessen, Zigaretten zu bestellen, weisse. Und dann hab ich
versucht, im Internet 'ne Pulle Püttmann zu kriegen ...
Fehlanzeige! Die einzige Adresse war 'ne Drogerie in Wanne-Eickel, aber die liefern nich nach Hause ..."
„... und da bisse dann ma wieder drauf gekommen, wofür
euer Trude so allet gut is, nä!", kam es aussem Büdchen.
„Nee, weisse, ich muss auch ma wieder unter die Leute. Die
Alexa sacht ja nur wat, wenne se fragen tus. Für zum

Quätschken halten, is die eher weniger geeignet. Aber dat krich ich vielleicht auch noch hin."
„Nee, echt gezz, Bernie? Wie willze dat denn machen?"
„Günner, ich hab mich da gezz für so'n Kursus beie Volkshochschule angemeldet, der fängt neechste Woche an: Digital Tools für Home Computing and Network, weisse."

Bor ey! Wenn mich gezz einer gesehen hätte ... mit die riesigen Fragezeichen in meine Klüsen.
„Sach ma, Bernie, mai English is gezz not so gut, geht dat auch auf Deutsch?"
„Ganz einfach, Günner, dat heißt soviel wie Digitale Werkzeuge für dat Heimcomputernetzwerk."
„Häh? Wat? Also ich kenn' nur richtiget Werkzeug: Hammer, Säge, Zange und sowat. Für'n Computer kommsse doch wahrscheinlich auch mit'n Schraubendreher und eventuell noch mit'n Spannungsprüfer aus ..."
Ausse Bude kam 'n amüsiertet: „Also, wenn ich 'n Nagel inne Wand kloppen tu, dann nehm ich dazu immer noch 'n Hammer. Dat funktioniert auch ohne dieset bekloppte Dicke Tal!"
„Ihr habt ja alle keine Ahnung."
Der Bernie packte seine Brocken zusammen ... dann war er weg.

Während die Trude für mich zweimal Kippen und die neue Fußball-Zeitung zusammensuchte, kam unser oller Reviersteiger Paul Blauschwick umme Ecke.
„Glück Auf zusammen! Hömma, wat is denn dem Bernie für 'ne Laus überre Leber gelaufen, dat der sich so schnell und ohne Tschüss zu sagen vom Acker macht?"
„Glück Auf, Steiger, ach ... nix weiter. Bei dem is nur dat Faulfieber noch schlimmer geworden."
„Wie dat, Günner?"

„Weisse, Steiger, der will gezz so´n Computerkurs machen, damit er seine Alexa noch mehr programmieren kann und er noch weniger selbss machen muss … und dat Hinterteil am besten gar nich mehr hochkricht. Irgendswat mit Digitalet Gezähe oder so. Jau, und dazu hat die Trude ´ne passende Bemerkung losgelassen.“
Der olle Steiger kuckte uns an: „Wat ´n Schwachsinn. Wisst ihr wat? Der war damals auffen Pütt schon so´ne faule Socke, den konntesse eigentlich nich ma als Kübelmajor gebrauchen. Digitalet Gezähe! Nee, nä? ´Ne Pannschaufel oder ´n Abbauhammer geht nun ma nich digital. Dat einzige, wat mich bei digital einfällt, is der Walzenschrämmlader damals auffe achte Sohle im Revier Flöz Karl. Der war voll digital, da konnteste den ganzen Streb mit vier Mann fahren. Aber davon hat der Piesepampel ja keine Ahnung.“
„Jau, Steiger, da könnteste recht haben. Glück Auf.“

Auffen Weg nach Hause versuchte ich mir vorzustellen, wie der Bernie dat wohl anstellen will, mitte Zange die Nägel digital aus dat Brett vor seinen Kopp zu ziehen …

Glück Auf!

# Maut-Pleite

„Eine Maut für PKW wird es mit mir nicht geben!"
Hömma, dat waren damals ziemlich klare Worte vonne Merkel, kannte man ja so gar nich von der, und jedem, der auch nur 'n bissken Verstand inne Birne hat, war von vornherein klar, dat dat wieder mal gelogen war.
Echt gezz, der Balken von meine Wohnzimmerdecke bog sich ganz gefährlich durch, als der Spruch inne Glotze kam.
Und ganz äährlich: War ja nich dat erste Mal, dat die Merkel uns alle verkohlt hat.
Wie war dat noch 'n paar Jahre vorher?
So kurz vorm Ende vom Wahlkampf kam auf einmal dat Gerücht auf, die Märchensteuer müsste erhöht werden, um irgendswelchen Schwachsinn zu finanzieren. Da kam die Merkel dann auch mit so'n schlauen Spruch raus, dat würde es mit ihr nich geben.
Und danach war zu dat Thema äähssma Ruhe im Saal.

Nachdem se sich dat dann nache Wahl mit ihr dicket Hinterteil für weitere vier Jahre auf dem komfortablen Scheffsessel bequem gemacht hatte, hömma, dat dauerte kein halbet Jahr, dat wir alle auf einmal neunzehn Prozent Märchensteuer am Allerwertesten hatten.

Aber weisse wat? Die meisten Leute vergessen einfach zu viele Klamotten zu schnell.

Mir war dat jedenfalls von Anfang an klar, dat die in Berlin da weiter dran am Wuseln bleiben. Insbesondere der Oberdruide aussen Bazi-Land, der dat mit ′ne geradezu krankhafte Boshaftigkeit drauf angelegt hatte, unsere Nachbarn aus Österreich einen auszuwischen.
Weisse, bei die Ösis musse schon seit Menschengedenken latzen, wenne überre Autobahn fahren willz. Inne Schweiz auf manche Straßen auch, und bei die Franzosen kostet dat Fahren auffe Autobahn gleichfalls richtich Kohle.
Irgendswie kannze ja nachvollziehen, dat unsere Nachbarn dann auch ′n bissken wat dabei tun, wennet dadrum geht, unsere Straßen in Schuss zu halten.
Immerhin zahlen wir selbss ja ′n Haufen KfZ-Steuer, und wenne überleechs, dat mehr als dreiviertel vonnen Spritpreis inne Staatskasse geht ...

In meine jungen Jahre hab ich ja mal gelernt, dat die ganze Knete dazu verwendet werden soll, dat die Straßen immer in Ordnung sind und neue gebaut werden können ... ääh ... kuck dich dat heutzutage ma an, wie dat auffe Straßen aussieht ... und finde den Fehler!
Irgendwann sind se inne Polletik dann ja drauf gekommen, dat ′n schweren Laster ja mehr vonne Straße kaputt macht als so′n PKW. War also logisch, dat die ganzen Halter vonne LKWs auch ′n bissken wat mit löhnen sollten.

Hätte man ja auch ganz einfach machen können: Mitte Tachoscheiben. Da kannze genau ablesen, wie viel Kilometer so'n Brummi gefahren is ... danach rechneste die Maut aus und dann wird zur Kasse gebeten ... fertich!
Aber nee, diese Intelligenzbolzen wollten ja irgendswie zusehen, dat 'n paar Kollegen ausse Wirtschaft nebenbei noch etliche Millionen verdienen können! Also haben se sich so'n elektronischet Dingens ausgedacht, dat alle paar Kilometer 'n LKW erfassen tut.
Und jeder Fahrer hat so 'ne Kiste für zich Öcken im Fahrerhaus, dat dieset Dingens dann erkennt, wie viele Kilometers einer überre Bahn geheizt is.
War jedenfalls schweineteuer ... aber wir haben's ja.

Jedenfalls war der Oberdruide vonne Bazis immer wieder am Drängeln mitte PKW-Maut und hat et sogar geschafft, einen von seine Speichellecker den Posten als Verkehrsminister zuzuschustern.
Bor ey, wie hieß der noch? Ääh, ... jau, gezz hab ich dat wieder: Alex Dobrinzinski oder so ähnlich ... aber is eigentlich auch sch...egal.
Der muss sich wohl auch 'n paar Gedanken gemacht haben, aber so Genaueret hasse eigentlich nie wat von gehört, außer, dat der Oberbazi immer wieder wie so 'ne Endlosschleife predigte, dat die PKW-Maut bald kommt.
Als bis zu die nächste Bundestachswahl immer noch nix kam, haben se den Dobrinzinski dann abgesägt und der fand sich auf einmal auffen Scheffsessel von 'nen großen Autokonzern wieder ... natürlich für dat zehnfache Gehalt, wat sonst.

Neuer Bundesverkehrsfuzzi wurde dann ein Andreas Scheuermann, natürlich wieder 'n Bazi mit neidischen Blick nach Österreich.

Und der nahm dat Thema tatsächlich voll von überschüssige Energie inne Hand, machte Verträge mit sogenannte Fachfirmen und ließ sich von irgendswelchen selbsternannten Experten ausrechnen, wat dat allet kostet und wieviel Penunsen dabei zum Schluss der Finanz-Scholze kriegen sollte.
Hömma, vonne Glaubwürdigkeit von statistische Rechnereien muss ich ja wohl nix weiter zu sagen, nä. Immerhin kannze mit Statistik allet beweisen, auch dat Gegenteil.

So, gezz war der Grundgedanke von die ganze Sache ja, dat alle löhnen müssen, die unsere Straßen benutzen, insbesondere unsere Nachbarn. Und weil der deutsche Michel ja schon mehr als genug Kohle abdrücken muss für KfZ-Steuer, Spritsteuern, Märchensteuer und in manche Gegenden sogar noch für Straßenausbaugebühren, hat der Scheuermann sich dann ausgedacht, dafür die KfZ-Steuer billiger zu machen ... immerhin mal ´ne sinnvolle Idee.

Wenn da nich die „bösen Nachbarn“ aus Ösi-Land wären. Die fanden dat gar nich so toll, dat se gezz Kohle abdrücken sollten, um in unsere Bananenrepublik mit ´n Auto zu fahren. Also haben se ´ne Klage beim Europäischen Gerichtshof in Luxemburch losgelassen, von wegen Ungleichbehandlung und Verletzung von europäischet Recht und so.
Wie lange sich so´n Gerichtsverfahren hinziehen kann, muss ich ja gezz wohl nix zu sagen. Den Scheuermann hat dat jedenfalls nich aufgehalten in seine Arbeitswut. Um auffe sichere Seite zu sein, hat er für etliche millionen Eurodollars ´n paar Rechtsverdreher bestellt, die für ihm die Chancen ausrechnen sollten, dat Dingen zu gewinnen.
Klar, dat die ihm ´n Ergebnis geliefert haben, wie er dat vorher bestellt hatte, während er immer weiter fleißig Verträge mit die Maut-Fachfirmen machte.

Dat Urteil aus Luxemburch 'n paar Monate später schlug
wie 'ne Bombe ein. Da lass ich mich gezz auch nich weiter
drauf ein. Hat ja jeder inne Zeitung oder im Fernseh mitgekricht.

Aber gezz denk ma nich, dat den Scheuermann dat irgendswie beeindruckt hätte.
Nee, ganz im Gegenteil: Der zeigte sich im Fernseh als
Strahlemann, den kein Wässerken trüben konnte ..., weil,
wär ja noch kein Euro irgendswohin gelöhnt worden.

Dat Dumme an die ganze Sache is gezz nur, dat die Firmen,
mit denen der Scheuermann die ganzen Verträge gemacht
hatte, auf einmal Schadenersatz für entgangenen Reibach
haben wollten.
Wenn ich dat richtich inne Erinnerung hab, soll sich dat um
mehr als 'ne halbe Milliarde ... ich sach dat noch mal: Mehr
als 'ne halbe Milliarde Euronen ... handeln.

Und wie reagiert der Scheuermann?
Mit seine Automatik-Strahlemann-Fresse behauptet er, dat
ganze würde den Steuerzahler gar nix kosten. Et würde
vom Ministerium gar nix gelöhnt werden, die Rechtsverdreher hätten alle Verträge überprüft ... und wenn die
Maut-Firmen Schadenersatz haben wollten, dann sollten se
gefälligst klagen.

Nee du, so 'ne Unverfrorenheit!
Und dabei immer noch 'n breitet Grinsen inne Fresse, als
ob ihm allet, wat gezz noch kommt, überhaupt nix angeht.
Kommentar dazu vonne Merkel: Der Scheuermann macht
'n richtich guten Job!

Weisse wat?

Ich hab da ´n Kumpel inne Verwaltung. Dem habense vor ´n paar Jahre dienstlich dat Leben zur Hölle gemacht, weil er im Rahmen von seine Aufgabenerledigung seine Dienststelle ´n Vermögensschaden von sieben Euro sechzig verursacht haben soll.

So ... ich sach gezz nix mehr weiter.

Glück Auf!

LANDSCHRAT
KARL S.

# Legende vom verkorksten Denkmal

Nee, wat war dat früher als Blag immer töffte, wenn vonne
Schule aus so einmal im Jahr 'n Ausflug gemacht wurde.
Da wurde schomma 'n ganzen Tach gewandert, so vonne
Penne in Schalke nachen Mechtenberg in Rotthausen oder
auch nachen Revierpark Nienhausen oder so. Hatte jedenfalls immer wieder Spässken gemacht.
Jau, und Pflichtprogramm inne achte oder neunte Klasse
war über viele Jahre 'ne Tagestour mit 'n Bus nach Det-
mold zum Hermann und nache Externsteine.
Da hasse sogar noch richtig wat gelernt, hömma.
Zum Beispiel, dat die alten Germanen anne Externsteine
immer irgendswelchen spirituistischen Mummenschanz
abgehalten haben, und dattse für den Hermann damals
inne Mitte vonnet 19. Jahrhundert dat Riesendenkmal gebaut haben, weil er et geschafft hatte, mit seine Truppen
vor über zweitausend Jahre 'ne ganze Armee vonne Römer
inklusive ihren Anführer Varus nach allen Regeln vonne
Kunst die Hucke vollzuhauen.
Und wo wir schon bei die Denkmäler sind: Immerhin is der
Varus, soweit ich dat weiß, inne Weltgeschichte der einzige
Fall, wo auch 'n Verlierer 'n Denkmal gekricht hat.
Glaubsse nich?
Hömma, dann fährste ma nach Haltern ... am See, da, wo
der Varus vor die große Klopperei gewohnt hat. In dem
Park zwischen dat neue Rathaus, der Polente und den Sie-
benteufelsturm – 'n alter Stadtmauerturm – da siehsse so
'ne komische Statue: `N römischen Legionär, den irgend-
wann mal der Obelix so richtich mit Schmackes ausse Rüs-
tung gehauen hat. Jau, und da is noch so'n Schild dabei, dat
dat eben dieser Varus sein soll.
So, gezz weisse Bescheid!

Wenne ma überlechst, et is doch immer so, dat einer in sein Leben schon wat ganz besonderet geleistet haben muss, um dann so etliche Jahre nach seine Beerdigung 'n Denkmal zu kriegen.

Dat war bei die ganzen alten Musiker wie den Beethoven oder den Mozart nich anders wie bei die ganzen alten Dichter: Äährssma wat Bedeutendet schaffen, wat auch die Nachwelt nich vergessen soll ... Dann krichste 'n Denkmal.

Obwohl, muss ja nich immer gleich so'n Monumentaldingens aus Stein oder Blech sein.

Kann ja auch schomma sein, dat 'n Platz oder 'ne Straße nach 'n wichtigen bedeutenden Promi benannt wird.

Kucksse ma nach Gesellenkirchen: Da gibbet anne altehrwürdige Glückauf-Kampfbahn den Ernst-Kuzorra-Platz. Oder anne Veltins-Arena den Rudi-Assauer-Platz.

Und gezz ma in echt: Dat haben die beiden auch redlich verdient.

Da vergisst ma auch schomma ganz gerne, dat der Stumpen-Rudi 'n paar Jahre von seine Karriere bei 'n anderen Verein aus Lüdenscheid-Nord aktiv gepöhlt hat.


Weisse, genaugenommen fällt mir nur einer ein, der sein Denkmal noch selbst erlebt hat:
Der Willy Millowitsch aus Köln.
Glaubsse nich?
Nee, echt gezz: Da gibbet 'n Pressefoto vonne Einweihung, wo der Willy neben die Bronzestatue vom ihm auffe Bank sitzt und 'n Kölsch trinkt.


Aber weisse, wat gar nich geht?
Wenn so'n geltungssüchtiger Lokalpolletiker meint, noch während seine Amtszeit wat Bleibendet zu schaffen und sich damit selbst 'n Denkmal zu setzen.
Wat sachsse? Dat gibbet nich?

Hömma, dann erzähl ich dich gezz ma 'ne Geschichte, die sich inne letzten Jahre im Kreis Räckelhusen abgespielt hat:
Nachdem so vor zehn oder elf Jahre der alte Landrat nich mehr für die Kommunalwahlen  antrat, weil er wohl irgendswo anders 'n besser bezahlten Posten kriegen konnte, brachten die Sozis 'n neuen Kandidaten ins Spiel, der dann auf dem Posten weitermachte, natürlich mit der Vorstellung, im Kreis gezz allet umkrempeln und neu und besser machen zu müssen.

Als äährstet nahm er sich vor, wat 'n paar Jahre vorher schomma geplant war, aber damals schon voll inne Buxe ging, weil die beteiligten Städte sich nich einig wurden: Die Erschließung von 'ne riesige Fläche Bauernland im Nordosten vom Kreis Räckelhusen zu einen bedeutenden Industriepark. Er hatte dat wohl geschafft, den einen oder anderen zuständigen Verantwortlichen an einen  Tisch zu kriegen, aber dann waren da auf einmal die Naturschützer, machten 'n Riesenaufstand, wat dazu führte, dat der neue Landrat sogar 'n Auftritt für'n Interview im Fernseh krichte ... Bor ey, war dat 'n peinlichen Auftritt. Aber von dat ganze Brimborium hab ich ja früher schon mal ausführlich erzählt. *)
Dat ganze Projekt ging jedenfalls wohl voll inne Binsen, jedenfalls haste seitdem so gut wie nix mehr von gehört.
Dat war also schomma nix mit Denkmal.

Der neechste Versuch war Hartz 4:
Bis 2011 wurde dat Hartz 4 vonne Arbeitsagenturen alleine oder in Arbeitsgemeinschaften mitte kommunale Verwaltungen bearbeitet.
Jau, und dann kam die damalige Arbeitsministerin, die spätere Flinten-Uschi – und gezz Scheffin von Europa in Brüssel – auf den Trichter, dat die Städte und Landkreise doch

selbst Hartz 4 auszuprobiern. Für diese Option brauchten se nur 'n Antrag mit 'n gutet Konzept bei ihr stellen und dann würde dat geprüft und genehmigt.

Klar, dat der Landrat und seine Mitstreiters sich mal eben wat ausdenken ließen und nach Berlin geschickt haben. Und du glaubss dat nich, die haben dat durchgekricht, hömma, 'n Konzept, dat bis heute vorne und hinten nich vernümftich am Funktionieren tut.

Als neechstet haben se dann über dreihundert Mitarbeiters überet Ohr gehauen, die zwangsweise vonne Arbeitsagentur inne Kreisverwaltung umgesetzt wurden.

Da gab et 'n paar Monate vorher 'ne Veranstaltung für alle Betroffenen, wo so'n kleinet, offensichtlich bekifftet Männeken mit Konfirmandenanzuch, Fliege und 'n riesigen Schnäuzer unter seinen Riechkolben im Auftrag vom Landrat einen vom Pferd erzählte, wie toll dat doch beie Kreisverwaltung wär und dattet alle viel besser gehen würde.

Als dann von einigen betroffenen Kollegen die Frage aufkam, wie dat denn mit dem wesentlich schlechteren Tarif beim Kreis wär, kam von dem komischen Gnom nur die Antwort, dat wär allet geregelt und niemand würde Nachteile haben. Im Gegenteil: Allen würden es erheblich besser gehen als bei die Arbeitsagentur.

Hömma, dat war sowat von gelogen.

Mein Kuseng, der Otto Korsinetzky, der mich von dat ganze Theater erzählt hat, war nämlich auch betroffen, und der hat bis gezz kurz vor seine Rente finanziell ganz übel an dem Lohnbetrug zu knacken.

Natürlich habense in dem Zusammenhang auch 'ne neue Softwehr für die Bearbeitung eingeführt, weil dat Programm vonne Arbeitsagentur, dat die ganzen Jahre vorher reibungslos und gut funktionierte, zu teuer war.

Jau, und da habense dann dat Billigste vom Billigen gekauft, wo man gezz noch Zettel, Stift und Taschenrechner neben dem Computer liegen haben muss.

War doch klar, dat se wat eingekauft haben, wo der Landrat in die Softwehr-Firma selbst seine Finger drin hatte.
Kommsse da nich irgendwie am Nachdenken?
Logisch, dat die meisten von die zwangsversetzten Mitarbeiters stinksauer waren und über mehrere Monate mindestens einmal inne Woche reichlich wat über dat Jobcenter-Chaos inne lokale Tagespresse nachzulesen war.
Dat ging soweit, dat der Landrat inne erste Personalversammlung auftrat, aufkommende Fragen mit nichtssagenden Sprüchen beantwortete und am Ende von seine Ausführungen ziemlich knatschich meinte, er wolle doch ab sofort nix mehr von dat Thema inne Zeitung lesen. Wie so´n kleinet Rotzblag, dem einer dat Spielzeuch weggenommen hat.
Jau, dat Chaos is bis heute nich kleiner geworden.
Bis auf eine einzige kleine Jobcenter-Dienststelle nördlich vonne Lippe, wo et von Anfang an vernümftich läuft, weil die Kolleginnen und Kollegen MITEINANDER arbeiten und nich gegeneinander.

Also gezz ma in echt: Herr Landschrat ... ´n Denkmal geht anders!

Und weisse wat? Der hatte seinen Traum vom eigenen Denkmal offensichtlich noch immer nich ausgeträumt.
Irgendswie is er vor ´n paar Jahre auffen Trichter gekommen, dat dat Kreishaus, dat Ende vonner siebziger Jahre fertig geworden war und neu bezogen wurde, auf einmal zu klein war und für die Erfordernisse vonne neuzeitliche Bürokratie nich mehr reichen würde. Außerdem müsste man zich millionen Euronen inne Hand nehmen, um den Bau komplett zu sanieren.
Wär doch sinnvoller und auch billiger, gleich ´n komplettet neuet Kreishaus zu bauen.

Gott sei Dank hatte so'n findigen Reporter vonne Lokalzeitung schon ziemlich früh dat entsprechende Gras wachsen gehört, und so kam dat, dat nach und nach immer wieder wat inne Öffentlichkeit kam.

'N alter Kumpel von mir ... also den Name sach ich gezz nich ... war sein ganzet Leben einer vonne Hausmeister im Kreishaus. Hömma, der hat immer wieder ma Sachen erzählt, dat kannze gar nich glauben. Und allet ging immer wieder dahin, wenn wat kaputt is, wird keine Fachfirma bestellt, dat kann der Hausmeisterdienst selbst machen.

Also, 'n Rohrbruch inne Wasserleitung oder 'n Fehler inne Heizungsanlage musste der Hausmeister fertich machen, der innet frühere Leben ma Klempner gelernt hatte.

Und genau so lief dat, wenn ma inne Elektrik wat nich funzte. Da musste dann ebens der Elektro-Hausmeister ran. Im schlimmsten Fall auch mit 'n Lötkolben inne Unterverteilung rumwerkeln.

Weisse, 'ne Fachfirma könnte ja Geld kosten und der Kreis Räckelhusen stand schon seit Jahre immer kurz vorre Pleite.

So habense den ganzen Bau dann überre Jahre immer weiter runtergewirtschaftet, bis fast nix mehr ging.

Gezz stellt sich doch glatt die Frage: Wo sind eigentlich die ganzen Penunsen geblieben, die für korrekte Reparaturen und Instandhaltung vorgesehen waren?

Ob et wohl für'n Neubau reichte?

'N Grundstück war jedenfalls ganz schnell gefunden: Inne Nähe vom Hauptbahnhof zwischen die Gleise und 'ner Grünanlage, gleich bei den neuen Schulcampus, wo früher mal 'n Pütt war.

Hömma, wie viele Bomben da wohl noch liegen müssten, da hat offensichtlich keiner weiter drüber nachgedacht. Sollte doch eigentlich logisch sein, dat damals im Krieg die Tommys und Amis die ganze Gegend um Bahnhof und Pütt mit zichtausend Fliegerbomben platt gemacht haben.

Jau, und die musse äährssma suchen und finden … und dann wegmachen … möglichst ohne dattet irgendswo „Wumm" macht.

Und weisse, wat viele Bürger überhaupt nich verstehen wollten?
120 Millionen Eurodollars sollte dat kosten, den Landschrat sein Denkmal.
Klar, dat viele nich nur mit ′n Kopp geschüttelt haben.
Nee, da gab et auf einmal ′ne Bürgerinitiative, da wurden Unterschriften gesammelt und nachen Kreistach geschickt, so dat dat selbst im Kreistach auf einmal Leute gab, die die Schnapsidee vom Kreishaus-Neubau auch nich so toll fanden.
Auf einmal wurde gerechnet und spekuliert, wat dat Zeuch hält, und dabei kam raus, dat die Sanierung von dat alte Kreishaus schlimmstenfalls nur ′n Viertel soviel kosten sollte … und dabei wurde schon ziemlich großzügich gerechnet.Bei die Abstimmung kam dann raus, dat der Landrat seinen Traum vom eigenen Denkmal äährssma begraben musste.
Dat war et dann!

Am neechsten Tach war zufällich Personalversammlung vom Jobcenter, und mein Kuseng Otto, der da auch bei war, erzählte mir hinterher, dat Landschrat Silberkropp als obersten Scheff vom Jobcenter ′n ziemlich angepinkelten Eindruck machte.

Im alten Kreishaus wird seitdem bei vollem Dienstbetrieb gewerkelt, gehämmert, gebohrt, Wände versetzt und sonst noch wat.
Nee, echt gezz, dat hätte man auch anders haben können … und wahrscheinlich viel billiger.

Jau, und der größenwahnsinnige Landrat gab kurz danach
bekannt, dat er beie neechste Kommenalwahl nich mehr
antreten will ... ohne sein Denkmal.
Hömma, eine von seine besten Entscheidungen inne letzten Jahre.
Und welcher Heiopei ihn dann beerben will ... hömma, dat
will ich gar nich wissen.

Glück Auf!

V
K 2020

# Dingens müsste man sein

Nee, du!
Wenne dich ma so in deine Umgebung umhörst, wat manche Leute so für Wünsche und Vorstellungen von ihrn Leben haben, hömma, da kannze manchmal nur noch mitte Ohren schlackern. Irgendswie scheint wohl keiner mit dem zufrieden sein, wat er hat. Und wenn er dann hat, wat er wollte, is dat auch nich genuch. Dann will er noch ´n bissken mehr ... und noch´n bissken ... bis er dann ... nee, also ich sach gezz nix mehr.
Kannze inne Polletik und inne Scheffetagen vonne Großkonzerne ja genug von sehen, wo so ´ne Gier hinführt.


Letztens in Stratmann Jupps Kneipe meinte mal einer, der eigentlich eher selten da auftaucht, wie toll dat doch wär, Unternehmer zu sein: „Da brauchsse nur noch auf deinen bequemen Scheffsessel sitzen, deine Kohle zählen und andere für dich malochen lassen ... und ´n dicken Schlitten fahren, am besten Porsche.“
„Weisse wat, du Blitzbirne“, erwiderte Jupp nur, „stell dich dat nich so einfach vor und kuck dich mich an: Als freier Unternehmer steh ich jeden Abend hier bis inne Puppen hintern Tresen, mach euch im Akkord die Pilskes und Kurzen klar und komm irgendswann mitten inne Nacht inne Poofe. Neechsten Morgen um fünf wieder raus, weil immer irgendswat zu tun is, damit die Kneipe sauber is, dat Bier nich ausgeht und der Zapfhahn in Betrieb bleibt. Und nebenbei noch jede Menge dummet Zeuch anhör´n müssen, so wie zum Bleistift von dir. Und meine alte Karre auffen Hof hasse ja gesehen. Sieht nich gerade wie´n Porsche aus, oder?“
„Äääh ...“

Und dann konnte ich die Schnüss auch nich mehr halten: „Weisse wat?“, sachte ich für ihm, „Unternehmer werden is eigentlich ganz einfach.“

„Äääh, echt gezz?“

„Na klar, du Intelligenzbolzen. Allet, wat du brauchss, sind dreißig Öcken, vielleicht ´ne Stunde Zeit und Geduld im Rathaus und ´n gültigen Perso! Und wenne dann noch ´ne richtich zündende Geschäftsidee has, hömma, dann könnte dat vielleicht mit gaaanz viel Glück wat werden!“

Bor ey, den Typen haben wir beim Jupp inne Kneipe nie wieder gesehen.

„Weisse wat, Günner?“ Der Jupp kuckte mich so ´n bissken vonne Seite an. „Ganz äährlich, ich wär auch lieber Millionär, weisse. Zu viele Penunsen machen zwar nich unbedingt glücklich, geben dich aber ´n gewisset Gefühl von Sicherheit … und beruhigen.“

„Und ich dachte schon, du würdest dann deine Kneipe zumachen …“

„Wat? Ääh nee! Dat is doch mein Leben hier, aber ich würde wohl doch noch ´n bissken wat investieren, und vielleicht jemand einstellen, der mich bissken mithelfen tut, wenn ma voll is. Hömma, bis doch bald Rentner … hasse nich Bock … so auf Mini-Job oder so?“

„Ach nee, Jupp, ich glaub nich, dat mein Lissken dat so toll finden tät, weisse, die hat andere Pläne … Bor ey, gezz muss ich aber los. Tschüsskes und lass dich wat.“

Auffen Weg nach Hause ging mich dann so durch ´n Kopp, wat ich früher ma allet gerne gewesen wär: Als Blag Lokführer, da bisse immer mit ´n Zuch unterweechs … später Pauker, da hasse gaaanz viel Ferien oder Urlaub und verdienst viel Knete. Meine Omma fragte mich immer, warum ich nich Pastor werden wollte, brauchsse nur einmal inne

Woche 'ne Stunde malochen und krichs noch mehr Kohle
als 'n Pauker.
Mein Härzken hatte dat in ihre jungen Jahre oft drauf mit
„Model müsste man sein, da kannze immer die neuesten
und schicksten Plünnen anziehen, wirss immer vonne bes-
ten Fottografen geknipst, bis öfters inne Zeitung und kannz
Millionen verdienen."
Also wenn ich mich mein Härzken so bekucken tu: Vonne
Figur passte dat noch nie, und dat is auch gut so, weisse.
Mit so 'n Hungerhaken hätt ich doch dieset lebenslange
Krösken nie angefangen.

„Warsse wieder beim Jupp inne Kneipe?"
Der Empfang zu Hause war ma wieder richtig häärzlich.
„Ja weisse, Häärzken, manchmal gibbet Situationen, da
musse schomma so'n Traumtänzer 'n bissken die Realitä-
ten aufzeigen, da konnte ich den Jupp ja nich so ganz alleine lassen. Dafür hat der gezz auch 'n Kunde weniger, den
er sowieso nich brauchen kann."
„Bor, Günner, hat doch nich etwa Ärger gegeben?"
„Nee, nee, wurde allet ganz sachlich und diplomatisch aus-
diskutiert."

Und dann fiel mich dat wieder ein, wat ich mir vor einige
Jahre auch ma so vorgestellt hab: Polletiker müsste man
sein. Da brauchsse eigentlich nur den ganzen Tach mitten
Hinterteil auffen bequemen Sessel sitzen, ab und zu ma'n
bissken Blödsinn labern und gelegentlich die Hand heben,
wenn ma Abstimmung über irgendswat is.
Und wenne ma keinen Bock has, weisse, dann lässte dich
eben bei deine Wähler zu Hause blicken, krichst dabei immer lecker Essen, Kaviar und Schampus für umme serviert
... schwingst dazu 'ne sinnlose Rede, hömma, und vom
Verdienst her kannze auch nich meckern.

Nach wenige Jahre hasse dir ´ne Altersversorgung zusammengefriemelt, von die ´n normaler Malocher nach fünf Arbeitsleben nur träumen kann.

Und wenne ma so überlegst, seit den Jotschka Fischkopp und seine grünen Genossen musse ja auch nich mehr unbedingt mit Anzuch und Schlips auflaufen.

Dat einzige, wo dran dat bei mir am Hapern is … und dat is ja eigentlich ´ne Grundvoraussetzung, wenne inne Polletik Karriere machen willst:

ICH KANN NICH LÜGEN!

Glück Auf!

# Elektrisch unterweechs

*US-Hersteller will riesiges Autowerk in Brandenburg errich-
ten!*
Nee, dat stand gezz nich auffe erste Seite von dat Käseblatt
mit die vier großen Buchstaben, sondern in unsere eher
seriöse Tageszeitung.
Und ich kuck so weiter: *Bis zu 8000 Arbeitsplätze ... bis zu
500.000 Elektroautos ...*

„Hömma, Günner, tu nich allet vorher schon ausse Zeitung
raus lesen, bevor du gelöhnt has!"
Bor ey, manchmal kann die Trude ja richtich knallhart
werden, wenn et dadrum geht, ʼn Kunde beim Lesen zu
stören.
„Ääh ... jau ... ʼtschuldigung. Tuse mich bitte noch ʼne Packung Kippen dabei."

„Sach ma, Günner, wat gibbet denn da so Interessantet zu lesen, dat du so am Träumen anfängss? Doch nich etwa, weil se gezz den Gauleiter vonne Alte Naive für Dumpfbacken wegen krumme Steuerdingens anne Hammelbeine haben?“

„Nee, Trude, ich hab dat gerade mit dat neue Werk und die elektrischen Autos überflogen …“

„Jau, Günner, hömma, gut, dat dat sowat gibt, weisse, wenn dat inne neechsten Jahre mit mein Rheuma noch schlechter wird, werd' ich mich wohl auch so'n Dingen zulegen. Da kannze ja weenichstens noch'n bissken mobil bleiben.“

„Nee, Trude, um diese elektrischen Rentnerporsches geht dat da gar nich drum. Da steht mehr wat von richtige große Autos, sowat wie 'n dicken Benz oder BMW mit elektrische Motore, weisse. Da wollen se gezz inne Nähe von Berlin 'n Riesenwerk hinbauen.“

„Wat? Echt gezz?“

„Jau, Trude. Ich frag mich nur, wer sich so 'ne Elektrokarre für fuffzichtausend Öcken und mehr leisten kann. Ich jedenfalls nich. Und die wollen tatsächlich bis zu fümfhunderttausend Stück davon bauen und verticken.“

„Glück Auf zusammen!“

Soeben kam Elektrohauer Mattes Spratzel mit seinen neuen Tretroller umme Ecke gerast, mit'n Affenzahn, ohne zu treten, und krichte dat Dingen auch erst 'n Finger breit vor Trudes Büdchen zu stehen.

„Jau, Günner, gezz kucksse, wat? Hömma, dat is doch 'n feinet Teil. Kommste überall schnell mit hin, woosse kein Auto brauchst, kannze zusammenklappen und inne Bude mit reinnehmen oder auch im Bus mitnehmen.“

„Sach ma, Mattes, braucht die Welt sowat?“

„Ääh … praktisch is dat jedenfalls. Stellste dich drauf, trittst einma an und dann fährt dat Dingen 25. Kommsse bis 20 Kilometer weit, dann hängste dat für drei oder vier Stun-

den anne Steckdose und kannz wieder fahren. Und leise is
der auch."
„Jau, Mattes, nur mit die Bremse scheint dat ja bei dir noch
nich so am Klappen ..."
„Weisse, Günner, ich hab dat Dingen ja erst seit gestern,
muss ich noch 'n bissken probiern. Aber dat wird!"

Ich hab nur noch „Tschüsskes" gesacht, meine Zeitung und
die Kippen eingepackt und bin dann nach Hause.
Elektroautos?
Wat 'n Quatsch!
Da wird doch sowieso schon jede Menge Strom verballert,
dat die Kraftwerke volle Pulle fahren müssen, und anstatt
ma zu kucken, wie man zu mehr sauberen Strom kommt,
schalten se inne neechste Jahre noch Kraftwerke ab.
Ja gut, Atomstrom muss ja nich sein, wat dabei rumkommt,
hammwer ja inne Achtziger in Russland mitgekricht ... und
'n paar Jahre später in Japan, nä. Also: „Atomkraft, nee
danke!" is schomma töffte.
Mitte Windräder is ja gezz seit letztet Jahr auch nich mehr
viel los. Und dieset Solardingens? Hömma, wat is denn,
wenn keine Sonne is?
Offensichtlich hat da ja keiner so richtich drüber nachgedacht, wo der ganze Strom herkommen soll.
Überleg doch mal: Tachsüber sind alle auffe Maloche und
da wird Strom verballert, Feierabend bisse zu Hause und
verbrauchss Strom, für Fernseh, Kühlschrank, Küche und
überhaupt.
Und dann stell dich vor, gezz fahren alle nur noch diese
Elektroschlitten: Kommsse nach Hause, hängst deine Karre
inne Garage anne Spezial-Steckdose und lässt laden.
So! Und dat machen dann alle.
Weisse, wat dann passiert?

Hömma, da macht dat rummss, dann wird dat dunkel, weil soviel Strom gar nich da is, und alle kucken nur noch doof ausse Wäsche.
Also irgendswat passt doch da nich.
Aber weisse, äährssma die Spritverbrenner vergraulen, jede Menge Knete inne elektrische Mobilletät stecken und den Rubel rollen lassen.

Jau, und dann wollen die Merkel und ihre Spießgesellen uns noch wat von diese Nachhaltigkeit verklickern.
Also wenne ma genau hinkuckss: Alleine schon die ganzen Spezialbatterien zu produziern, is nich gerade sauber. Dazu brauchsse jede Menge Dingens, die auffe Welt nich ganz so häufig vorkommen wie Kohle, Gas oder Öl.
Ich glaub, dat Zeuch heißt "Seltene Erden" oder so, und dat bissken, wat davon da is, dat liegt ausgerechnet in Afrika und Südamerika unterre Erde. Der Abbau macht soviel Dreck wie 'n Braunkohlekraftwerk und verbraucht mehr Wasser als die letzen zehn Jahre die Emscher runtergeflossen is.
Und wenne mal die Kumpel ankuckss, die dat Zeuch da für'n Hungerlohn rausholen, hömma, dat sind fast allet noch Kinder, die eigentlich inne Schule gehören!
Nee, also echt gezz: Sowat geht gar nich. Und nachhaltig geht aber sowat von anders.
Da brauchsse nur mal nach Herten fahren.
Wie? Verstehsse nich?
Ganz einfach! In Herten auf Ewald gibbet schon seit 'n paar Jahre 'n Forschungszentrum für Wasserstofftechnik.
Da hammse schon vor 'n paar Jahre wat erfunden, dat nennt sich Brennstoffzelle: Da tuse Wasserstoff mit Sauerstoff zusammen, dabei entsteht Energie, also Strom für dat Auto zum Fahren und hinten aussen Auspuff kommt Wasser raus.
Hömma, sauberer geht doch gar nich.

Und wenne mal überleechs: Gleich umme Ecke in Marl is
der Chemiepark, wo et jede Menge Wasserstoff gibt.

Weisse wat?
Wenn schon elektrisch unterweechs, dann meinzwegen
mitten Elektrofahrrad oder auch mit so´n E-Roller. Oder als
Rentner, wenne nich mehr so gut zu Fuß bis, mit so´n
elektrischen AOK-Chopper. Aber allet andere is doch Kap-
pes.

Machtet nich mehr Sinn, ma ´n bissken mehr Penunsen in
Busse und Bahnen zu investiern?
Wenne dat nämlich richtich anstellen tus, hömma, dann
kommt die Welt auch mit weniger Autos aus.

Glück Auf!

MILCHSTRASSE
V
K 2020

# Kucksse ma inne Sterne (Horoskope)

Also eigentlich nehm´ ich mir immer wieder vor, inne Tageszeitung nur noch dat zu lesen, wat wichtich is.
Also Sport, Polletik, die Todesanzeigen und den Lokalteil.
Aber einmal inne Woche, immer wieder donnerstachs, kucksse dann doch in diese Rubrik, wo irgendwelche Sternkucker dir verklickern wollen, wie denn so deine Zukunft aussehen könnte.
Da kannze dann so Sachen nachlesen wie: *Der Einfluss vonne Venus auffen Mond lässt auf´n größeren materiellen Zufluss schließen. Sie sollten überlegen, zum Wochenende eine kleine Investition zu tätigen.*
Und ich frag mich dann jedet Mal: Wat will mich dat gezz sagen?
Ääh!
Also mit´n Lotto hat dat bisher auch nach 40 Jahre noch immer nich hingehauen. Höchstens ma zehn Öcken für´n Dreier. Oder vielleicht doch mal mit ´n paar Flocken anne Börse zocken?
Nee, also da hab ich zu wenig Ahnung von, und ma äährlich: Da sind mir meine sauer verdienten Eurodollars doch ´n bissken zu schade für.
´Ne dicke Erbschaft is auch nich zu erwarten ... Und gezz ma in echt: Der Scheff tut auch nich ma ´n bissken mehr Kohle raus. Auch, wenne immer wieder wat zu dem Thema sachss und dir den Allerwertesten aufreißen tus.

Oder:
*Ein Bekannter aus früheren Zeiten wird Ihnen im nächsten Jahr eine attraktive, lukrative Freizeitbeschäftigung näher bringen. Greifen Sie zu und Ihre Stimmung wird sich zu Höhenflügen aufmachen!*
Boah ey, ich stell´ mich gerade vor, neechstet Jahr, wenn ich in Rente geh´, kommt mein Scheff auf mich zu und bie-

tet mir an, doch noch 'n bissken länger zu malochen ... so zusätzlich zur Rente, weisse.

Hömma, den würd' ich wat auffe Fresse geben, bis er lacht ... Jau, gezz hab ich et: Dat Stimmungshoch dabei! Also so'n bissken scheint ja wohl doch an diese Horoskope dran zu sein.

Aber als ich gestern inne Zeitung gelesen hab, dat ich mit mein Härzken bald 'ne töffte Reise machen würde ... also echt gezz ... da war mir endgültig klar, dat an diese ganze Wahrsagerei nix dran is.

Äährlich, wir sind vor drei Wochen aussen Urlaub zurückgekommen. Zwei Wochen töffte anne Nordsee, weisse.

Hömma, du Sterneglotzer, da warsse aber diesmal 'n bissken spät dran mit deine Vorhersage.

Gut, dat du kein Wetter machss. Da wären wir alle wohl verraten und verkauft.

Glaubsse, wahrscheinlich is dat mit dat Kucken inne Sterne auch nix anderet wie dat Dingen mit die Glaskugel oder den Kaffeeprütt inne Tasse.

Aber gibt ja genuch Leute, die an so'n Stuss glauben.

Weisse wat?

Da sitz ich doch lieber ab und zu ma 'n bissken später am Abend, wennet schon dunkel is, draußen auffen Balkon und kuck mir die echten Sterne an.

Die sind zwar so weit weg, dat se wahrscheinlich gar nich mehr da sind, wenne se siehss.

Aber et gibt ja so Wissenschaftler, die zumindest die Vergangenheit aus dat Licht lesen können.

Da fällt mir gerade ein: Ich hab da mal vor'n paar Monate inne Glotze 'n Interview mit den Astro-Alex gesehen, der ja schon 'n paar Mal für'n paar Wochen Dienst auffe Weltraumstation geschoben hat.

Hömma, dat war schon interessant, wat der da die Leute verklickert hat. So vonne Milchstraße, den Großen Bär oder den Großen Wagen.

Da war auch schomma wat von schwarze Löcher.
Der Astro-Alex muss dat ja eher wissen wie unsereins.
Immerhin hatter dat studiert und war ja berufsmäßig
schon 'n paar mal näher dran wie wir alle.

Also die Milchstraße kannze ja beim klaren Himmel noch
so einigermaßen erkennen. Aber ich hab da bis heute noch
nie gesehen, dat da mal 'ne große Karre lang gebrettert is.
Und irgendswelchet Viehzeuch auch noch nich, äährss
recht keinen großen Bär.

Und schwatte Löcher? Weisse wat?

Da brauch ich nur ma in meine Patte kucken, da is immer
'n großet schwattet Loch.

Glück Auf!

# Allet klar, Kommissar? (Telefon 14)

Nee, also echt gezz.

Wat man heutzutage allet inne Zeitung zu lesen kricht, wie kreativ so manche Zeitgenossen werden können, wenn et dadrum geht, an die Kohle von andere Leute zu kommen.

Nee, gezz mein ich ma nich die Leute vom Finanzamt, unsere Polletiker oder irgendswelche Inkasso-Rechtsverdreher.

Nee, da gibbet Leute die ganz normal aussehen, die keiner kennt und denen man dat Kriminelle gar nich ansieht.

Meistens arbeiten die ja mitten Telefon … haste bestimmt auch schon von gehört: von diesen Enkeltrick, oder sowat.

Also bei mir kann diese Masche Gott sei Dank noch nich funktioniern. Ich bin zwar gezz mittlerweile auch schon Oppa, aber für die neechsten Jahre is mein Enkel noch ′n bissken zu klein, um für so ′ne Masche herzuhalten.

Nee, mittlerweile sind diese Bajuffen noch ′n bissken kreativer geworden, weisse.

Aber hömma, da sind die letztens bei mir genau anne richtige Adresse gelandet.

Bor, wie war dat nochma?

Ach so, jau, also ich saß mitte Zeitung inne Küche.

Meine bessere Hälfte war im Wohnzimmer am Rumwulacken und dat Telefon fing am Dödeln an. Ich krichte mit, wie mein Härzken dran ging und zu den Telefonterrorist sowat sachte wie: „Ich gib Sie ma mein Männe, der regelt bei uns sowat allet!"

Drückte mir dat Telefon inne Flossen und meinte ganz vorwurfsvoll für mich: „Günner, die Kripo, keine Ahnung, wat die wollen. Hasse wat angestellt?"

„Nee! Gib ma her."

„Mambrallek, Glück Auf, wat is?"

„Schönen guten Tag, Herr Mambrallek. Oberinspektor Lukas Klaubehr von der Kriminalpollezei Räckelhusen ... Ich hätte da mal ein paar Fragen.“

„So? Wat denn? Hömma, ich hab weder Kohlen geklaut noch meine Schwiegerolle ermordet und gesäächt ...“

„Herr Mambrallek, darum geht es auch gar nicht. Ich arbeite für das Kommissariat Einbruch und Präventation...“

„Häh ... wat? Einbruchpräsentation? Hömma, willze mir gezz vorführen, wie man sach- und fachgerecht beim Nachbar inne Bude einsteigt ... oder wat?“

„Herr Mambrallek, nein ... natürlich nicht. Das ist ja auch nicht Aufgabe der Pollezei. Unsere Aufgabe ist vielmehr die Verhütung von Einbruchskriminalität. Sie können sich ja sicherlich vorstellen, welche immensen, nicht nur materiellen Schäden durch Einbrüche entstehen. Wir beobachten seit einiger Zeit eine regelrechte Welle von Wohnungseinbrüchen im Kreis Räckelhusen, die nunmehr die Gemeindegrenze zu Ihrem Wohnort erreicht hat.“

„Jau, allet klar, Herr Kommissar. Und wat hab ich damit zu tun? Bei uns gibbet nix zu holen. Notfalls häng´ ich meinen aktuellen Kontoauszug anne Tür, dann weiß jeder Ganove sofort Bescheid.“

„Herr Mambrallek, das ist sicherlich nicht die optimalste Lösung und schreckt professionelle Einbrecher garantiert nicht ab ...“

„Und wat wär nach deine Meinung die optimalste Lösung?“
Nee, also irgendswie kam mir dieser Quasselkopp doch ´n bissken komisch vor.

„Herr Mambrallek, die optimalste Lösung wäre natürlich eine moderne Alarmanlage, am besten mit einer direkten Leitung zu uns. Aber das ist natürlich sehr kostenaufwendig und nicht für jeden bezahlbar. Es kann allerdings schon sehr hilfreich sein, einfach nur im Wohnumfeld die Augen offen zu halten und ständig Kontakt zu den Nachbarn und Mitbewohnern zu halten. Insbesondere, wenn sehr häufig fremde Personen mit fremden Fahrzeugen auffallend langsam durch Ihre Straße fahren, sollte sich in der Nachbarschaft höchste Alarmbereitschaft einstellen.“

„Ach, weisse wat, Herr Kommissar, wir wissen hier schon,
aufeinander zu achten. Dat kannze mich glauben.“

„Herr Mambrallek, Sie sollten vielleicht trotzdem daran
denken, Ihre Wertgegenstände in Sicherheit zu bringen.
Wenn Sie einverstanden sind, schicke ich Ihnen gern in
einer Stunde zwei Kollegen vorbei, die Ihre Wertgegenstände sichern und im Safe des Pollezeipräsidiums deponieren ...“

„Bor hömma, Herr Klaubock, bevor wir uns hier weiter
unterhalten tun: Du gibst mich gezz äährssma die Nummer
von deinen Dienstausweis, und danach tu ich entscheiden,
ob ich euch meine 5-Kilo-Goldstatue vonne Heilige Bärbel
anvertrauen tu.“

„A...a... Aber wozu wollen Sie denn meine Dienstnummer?“

„Ganz einfach, du Blitzbirne! Damit meine bessere Hälfte
heute Abend deine oberste Scheffin, die Rieke Z. mal nach
dich und deine dienstliche Obliegenheiten fragen kann,
weisse, die gehen schon seit ′n paar Jahre zusammen zum
Kegeln.“

„Ja, aber ...“

„Und noch wat: Mein Nachbar, dein Kollege Hauptkommissar Kalle Bergner, wird dich dann auch noch ′n bissken
auffe Finger kucken. Sein Schäferhund ′Schnauze′ passt
dann zusätzlich auf, dat du nich auf krumme Gedanken
kommss. So, gezz weisse Bescheid!“

So, fertich! Noch die Telefon-Nummer von dem Döskopp
notiert und ...

„Hömma, Günner, wat wollte denn die Kripo von uns?“ Ach
ja, Lissken war ja auch noch da.

„Nix besonderet, Häärzken. Ich geh gezz mal eben kurz zu Nachbar Kalle rüber, ich hab da noch wat für ihm, weisse."
„Dann trink aber nich so viele Püttmänner … und vergiss dat Wiederkommen nich!"

Glück Auf!

# Malen zum Abgewöhnen

Bor, 'ne Packung Buntstifte und 'n Ausmalheftken …
Wat hab ich mich als Kröte immer gefreut wie 'n Schnee-
könig, wenn Omma und Oppa auf Besuch kamen und so
tolle Sachen als Geschenk mitbrachten.
Jau, und dann ab am Küchentisch damit, und der Spaß
konnte losgehen.
Nee, echt gezz, für mich gibbet seitdem nix Schöneret als
bunte Farben auf Papier zu bringen, aber so, dat da wat
Erkennbaret bei rauskommt.
Also nich so sinnlose Klecksereien, wo man nix erkennen
kann, der eine oder andere Schmierfink aber so richtich
dicke Kohle mit sowat verdienen tut.
Ich geb ja zu: Ausprobiert hab ich dat vor 'n paar Jahre
auch schomma.
Aber weisse wat? Dat hat nich mal Spaß gemacht.
Also hab ich dat vorgezogen, mit meine selbstgemachten
Bildkes inne richtige Leben zu bleiben. Wat dabei raus-
kommt, kannze ja auch in dieset Büchsken wieder sehen.

Als dann vor 'n paar Jahre mein Häärzken auf einmal mit
Buntstifte und so 'n Ausmalbüchsken ankam, hab ich
äährssma so für mich gesacht: „Schön, dat se gezz auch
drauf gekommen is, wie töffte man dabei abschalten und
zur Ruhe kommen kann."
Und als ich dann ma in dat Büchsken reingekuckt hab,
hömma, ich hab gedacht, gleich holen se mich ab.
Da waren lauter so große Kreise drin, und in die Kreise
irgendswelche kleine Felder so geologisch … äääh … nee …
geometrisch heißt dat wohl … und dat allet so popelich
klein, datt vom Ankucken schon die Klüsen am Wehtun
anfingen.

Auf dem Buchdeckel stand sowat wie "Mandalas zum Entspannen".
Nee, also gezz ma in echt: Wie soll man sich entspannen, wenn man sich dabei gleichzeitig dat Augenlicht kaputt macht?

Ich erinnere mich noch an die Zeit, als unsere Jungens noch kleine Blagen waren. Da hatte die Nachbarin sowat ähnlichet als Ferienbeschäftigung für ihre Jungens besorgt.
Nannte sich "Malen nach Zahlen".
Da waren in diese kleinen Felder Zahlen reingedruckt, inne Packung war 'n Pinsel und 'n paar Pöttkes Farbe dabei und die Farben hatten auch so Nümmerkes drauf.
Zumindest sollte dat fertige Bild dann 'n Hund darstellen.
Nach 'ne halbe Stunde hatten die Nachbarsjungens jedenfalls keinen Bock mehr auf die Fummelei.
Jau, und gezz darfsse ma raten, wer dat Bild fertich machen sollte. Hömma, ich hab nur draufgekuckt, ausprobiert, und nach 'ne viertel Stunde konnte ich die Jungens verstehen.
Ich hab dat Gemälde dann so fertich gemacht wie ich dat für richtich hielt und die Nachbarin hat dat Ergebnis im Rahmen gepackt und seitdem hängt dat bei ihr im Wohnzimmer anne Wand.
Also hab ich schomma nix verkehrt gemacht.

Vor 'n paar Jahre kam dann wieder wat Neuet: Malbücher für Erwachsene. Nee, also gezz keine Schmuddelbildkes für zum Ausmalen, sondern mehr sowat wie diese Mandalas, wo ich ja schon wat von beschrieben hab. Also, dat waren mehr sonne Bilder, wo schon 'n bissken zu erkennen war, wat dat denn ma sein sollte, wennet fertich is. Meistens kamen da irgendswelche Blümkes bei raus. Oder Gesichter oder auch schomma so Fantasielandschaften …
Is auch egal, jedenfalls allet bestens dafür geeignet, sich dat Augenlicht endgültig zu ruinieren.

Ich hab mich da auch nich mehr mit befasst und bin weiter
bei meine eigene Maltechnik geblieben.
Is vielleicht auch besser so.

Hömma, und letztens sah ich in Gesellenkirchen in so ´ne
große Buchhandlung inne Bannoffstraße für fümf Öcken so
´n Malbüchsken mit Motive aus unsern schönen Ruhrpott.
Und ich dachte so bei mich, kucksse ma rein. Jau, da haben
die Macher von dat Büchsken tatsächlich den Doppelbock
von Zollverein in so popelich kleine Felder zerlegt, auffe
neechste Seite dann Nordstern, et kam noch Schloß Berge,
der Gasometer, dat "U" ausse verbotenen Stadt ... und ...
und ... und ... Ich hab dat Büchsken wieder weggelegt.
Sowat is nix für einen, der dat gewöhnt is, den Zeichenstift
und den Pinsel eher freischaffend zu schwingen.
Ich nenn´ sowat mittlerweile nur noch "Malen zum Abge-
wöhnen"!

Glück Auf!

# Panzer kaputt

„Wo und wann hammse jedient?"
Hömma, dat war vielleicht 'ne doofe Frage, wenne dich früher irgendswo vorstellen musstest, um 'ne Maloche zu kriegen.
Und wehe, du konntest nich die Antwort geben, die der Frager gerne hören wollte. Da kam nur noch der abschließende „Satz mit X", ... „War wohl nix", weisse.
Ich hab dat ja in meine junge Jahre auch noch mitgekricht, wat dat für Probleme gab, wenne nich beim Bund gewesen bis. Ne, und ich war bis heute nich da!
Also gezz nich, weil ich damals verweigert hab ... dat war in meine jungen Jahre ja noch mit diese omminöse Gerichtsverhandlung, wo se dich so richtich inne Mangel genommen hatten, datte am Schluss selbss nich mehr wusstest, ob du gezz 'n Teufel oder 'n Engel warss.

Nee, bei mir war dat eher so, dat se bei diese komische Untersuchung ... ich glaub, dat hieß Musterung, weil, da wurdeste einmal 'n bissken schräg angekuckt und dann warsse wehrdiensttauglich ... also festgestellt haben, dat ich höchstens als Musiker zu gebrauchen war.

Und dat waret dann mitte Killerkarriere. Für so 'ne Marschkapelle spielte ich ebens dat falsche Instrument.

'N paar Jahre später hammse dann noch mal versucht, ob man mit mir nich doch noch irgendswat militärisch Sinnvollet anfangen könnte. Da haben die dann dat erstemal die dicken Glasbausteine in meine Brille gesehen und sind wohl auf den Trichter gekommen, dat dat Risiko offensichtlich zu groß is, dat ich mit mein einet funktionierendet Maulwurfsauge auffe eigenen Leute ballern tu, anstatt auffen Feind.

Hömma, welcher Feind?

Und wenn ich manches Mal von andere hör, wat da so allet abging, nee du, verpasst hab ich jedenfalls nix.
Und gezz kannze vielleicht auch verstehen, warum ich mit diese ganzen Schützenvereine nix anfangen kann.

Gott sei Dank war dann ja kurz nach die sogenannte Wende Schluss mit diesen zwangsweisen Blödsinn. Verweigern ging da ja auch schon 'ne ganze Zeit 'n bissken leichter, brauchtesse nur noch 'n Brief schreiben mit'n Kommentar von deinen Pastor dazu, und dann haste eben für'n paar Wochen länger als beim Bund wat wesentlich sinnvolleret gemacht, nämlich Zivildienst.

Jedenfalls gibbet seit etliche Jahre beim Barras ja nur noch freiwilligen Dienst, wo auch nur die Leute hingehen, die da Bock drauf haben.
Einer davon war der Patzkal Kröger. Den Hajo Kröger seinen Ältesten, weisse.
Gezz nich, weil der Bock auf Knarren und Marschieren hatte, sondern eher, weil et da echt töffte Angebote für zum Studieren gibt.

Und weil der Patzkal keinen Bock auf dat übliche Studentenleben mit wenig Kohle und viel Maloche nebenbei hatte, hat er beim Bund 'n Vertrag über 8 Jahre gemacht. So mit Grundausbildung, Informatikstudium, danach 'n gut bezahlten Job als Informatiker beim Bund und nache Dienstzeit 'ne Jobgarantie innet zivile Leben.
Genau genommen hatter allet richtich gemacht.


Letzten Freitachabend trafen wir uns wieder mal mit unsere Knobelrunde bei Stratmanns Jupp inne Kneipe, der Bruno Schmalzik, mein Kuseng Otto, der Ulli Czerwonka und der Hajo Kröger.
Die erste Runde Pilskes und Kurze war gerade vernichtet, als auf einmal die Kneipentür aufging und der Patzkal in volle Barraskluft reinkam.
Der Hajo kuckte ihn ganz erstaunt an, dann kam et aus ihm raus: „Tach, Junge, sach ma, wat willz du denn schon wieder hier? Hattest doch äährss letztet Wochenende frei."
„Tach zusammen, hömma, Vatter, wat iss'n dat für 'ne Begrüßung?"
„Ich dachte, du müsstest dieset Wochenende Dienst schieben. Hasse nich wat von Nachtübung erzählt?"
„Jau, Vatter, so war dat auch ma geplant. Aber dann hammse auf einmal allet abgesacht, fürre ganze Woche, und die ganze Mannschaft hat bezahlten Sonderurlaub gekricht."
„Hömma, wieso dat denn, Junge?"
„Ja, weisse, die ganze Woche hat schon nix funktioniert. Beie Schießübungen musse 'n halben Meter nach links daneben zielen, um die Scheibe zu treffen. Beim Saubermachen vonne Knarren brach dann bei jede zweite Knarre so'n komischen Hebel ab, datte gar nich mehr schießen konntest ..."
Ich sachte so für den Patzkal: „Sach ma, da hatte die Flinten-Ursel doch damals zich Millionen Eurodollars für mo-

derne Schießprügel rausgepulvert. Und gezz tun die alle nich funktioniern? Wat is dat denn?"

„Ach, weisse wat, Günner", meinte der Patzkal für mich, „dat is doch noch harmlos, hömma. Letzte Woche war 'n Tagesmarsch mit volle Ausrüstung angesetzt. Und wat passierte? Musste nach zwei Stunden abgebrochen werden, weil an die meisten Rucksäcke die Tragegurte inne Binsen gingen und bei einige Kameraden die Schuhsohlen inne Mitte durchgebrochen sind, dat se auf einma barfuß inne Botanik standen."

„Jau, und wat war dann?" Gezz mischte sich auch der Bruno mit ein. „Musstet ihr barfuß inne Kaserne zurück?"

„Nee, die haben uns drei Kleinbusse und 'n Pick-Up geschickt, damit wir wieder zurückkamen. Hömma, dat war vielleicht 'n Spässken: Mit zwanzich Mann in 'n Bulli gequetscht und die ganze Ausrüstung auffen Pick-Up. Dauerte vier Stunden!"

„Wie ... vier Stunden ...? Ihr seid zwei Stunden zu Fuß hin und vier Stunden mit 'n Auto zurück?"

„Weisse wat, Bruno, wenn nach zehn Minuten bei so 'ne Karre der Motor am Qualmen fängt und du muss dann 'ne Stunde abkühlen lassen, und dat ganze dreimal, hömma, dann brauchssee für fuffzehn Kilometers schomma vier Stunden."

Von hinterre Theke kam auf einmal die Frage: „Sach ma, Patzkal, und wat habt ihr dann gemacht? Neue Klamotten und wieder 'raus?"

„Ääh, nee, Jupp, ging ja nich, gab ja keine Stiefel und Rucksäcke mehr in Reserve. Wurde zwar gesacht, dat wär allet bestellt, sollte aber äährss in zwei Jahre geliefert werden. Also war nix mehr mit Üben im Gelände. So, und gezz machsse mich ma bitte 'n Pilsken!"

Der Jupp zapfte dem Patzkal so richtich mit viel Liebe 'n frischet Pils mit 'ne Schaumkrone zum Verlieben, stellte dat vor ihm hin und sachte: „Jau, Patzkal, dann lass dich dat ma schmecken. Dat geht auffet Haus."

„Danke, Jupp."

Unsern jungen Vaterlandsverteidiger setzte dat Glas an und machte dat in einen langen, aber genüsslichen Zuch leer.

„Bor ey, dat zischt richtich töffte! So muss dat! Nich wie die olle billige Flaschenplörre beim Bund, wo du nur 'n dicken Kopp von krichs."

„Sach ma, Patzkal", gezz konnt' ich mich auch nich mehr zurückhalten, „war dat eigentlich nich gedacht, dat du beim Barras studieren wolltest?"

„Günner, dat kommt ja noch. Aber äährss ma muss jeder die 6 Monate Grundausbildung machen, so dat Übliche mit Marschieren, durche Botanik robben, Ausbildung anne Knarre und auch schomma 'n Panzer von außen und innen bekucken. Und danach fängt dann dat erste Semester an. Dat is dann wie auffe Uni, weisse."

„Und", frachte ich 'ihn, „hasse denn schon 'n Panzer zu sehen gekricht?"

„Jau, Günner, einmal. Dat war sogar der ganz neue, dieser Schützenpanzer Puma. Hömma, dat war vielleicht 'ne Pleite."

„Wieso dat denn?"

„Ja, weisse, da habense so'n Teil mitten Tieflader nache Kaserne gebracht und dann sollte der losfahren. So 'n paar hundert Meter ging dat auch einigermaßen, aber als er um dat große Schlammloch rumfahren sollte, funktionierte auf einmal irgendswat anne Elektronik vonne Lenkung nich. Jau, und dann landete der Puma mittendrin inne Pampelacke ... aber so tief, dat nur noch der Geschützturm rauskuckte. Die Besatzung mussten se mitten Hubschrauber rausholen, und der war nach dem Einsatz dann auch auf einmal kaputt."

„Und wat war dann?"

„Keine Ahnung, bis gezz is nix weiter passiert. Die zwanzich Millionen stecken immer noch inne Matsche, den Hubschrauber kriegen se auch nich mehr am Fliegen, weil et
keine Ersatzteile gibt … die sollen erst in drei Jahre wieder
geliefert werden. Und uns habense äährssma auf bezahlten
Urlaub geschickt. Jau, und gezz bin ich ebens hier.“
Inzwischen hatte der Jupp für uns alle noch ’ne Runde
Pilskes fertich gemacht und frachte dann: „Sach ma, Patzkal, so wie dat da bei euch abgeht: Wat wär denn, wenn auf
einmal wieder Krieg kommt. Mit so kaputte Klamotten, wat
ihr da habt, kannze doch dat Vaterland gar nich verteidi-
gen.“
„Nee, Jupp, da hasse wohl recht. Aber wir haben ja in die
ganze dienstliche Leerlaufzeit ’ne alternative Kriegsstrate-
gie entwickelt.“
„Häh, wie dat denn?“
„Ganz einfach, Jupp: Wir laden die Feinde zu ’ne Runde
Skat, Doppelkopp und Knobeln bei Pilskes und Kurze ein.
Da haben die gegen uns gar keine Chance!“

Hömma, da hat sich dat doch bezahlt gemacht, dat der Hajo
seinen Bengel schon inne früheste Kindheit die guten alten
Gesellschaftsspiele beigebracht hatte, mit alle Tricks, die
dazugehören. Da lass den Feind ma ruhich kommen.

Nee, aber gezz ma in echt: Dat kommt doch allet nur davon,
da da ganz oben inne verantwortliche Polletik immer nur
irgendswelche Nulpen sitzen, die von Tuten und Blasen
keine Ahnung haben, geschweige denn vonne Millitaristik,
oder wie dat heißt.
Weisse, und weil die Flinten-Ursel ja genau wusste, dat se
eigentlich nix wusste, hatt se sich eben Ahnung gekauft.
Also … etliche Millionen Eurodollars für irgendswelche
Beraters, die meisten davon wohl aussen Kreis vonne

Freunde und Verwandte, die ihr dann vorge-sacht haben, wie dat allet richtich gehen soll.

Genau genommen werden die ihr wohl verklickert haben, wie der billigste Schrott als hochwertigste Qualität für teuer Kohle verschachert wird, und dat dann so, dat ′n paar Großkonzerne sich goldene Nasen verdienen und die sogenannten Beraters auch noch gut wat von den Reibach abkriegen … zusätzlich zu ihre Vertrachspenunsen.

Jau, und gezz, wo dat allet rausgekommen is, haben se die Ursel dann für den Millionenschaden, den se angerichtet hat, als besonderet „Danke schön“ den Scheff-Posten von Europa in Brüssel verpasst. Natürlich für ′n viel höheret Gehalt.

Da kann se gezz zumindest in Berlin nix mehr kaputt machen.


Aber ma äährlich:

Meinze, diese Krempel-Knarrenbrecher oder wie die heißt … meine Fresse nee, wat′n Name. Hömma, da kannze dich sowat von die Zunge brechen.

Also, meinze nich auch, dat diese A.K.K. … siehsse, so gehtet … genau so wenich Ahnung von dat ganze Bundeswehrzeuchs hat wie vorher die Flinten-Ursel?


Nee, also gezz ma in echt: Auf so′n Posten gehört einer, der ′n bissken Fachwissen hat. Am besten einer, der dat Handwerk vonne Pieke auf gelernt hat.


Warum nich der Patzkal Kröger, wenn er fertich studiert hat?


Glück Auf!

# Musse aber nich!

Bor ey, geht dich dat eigentlich auch so, dat alle Nase lang irgendswer meint, dir gute Ratschläge zu geben, wat du besser, anders oder gar nich machen solltest?
Echt gezz, dat fängt doch schon inne früheste Kindheit an. Da kannze dich kaum ´n bissken auffe eigene Kackstelzen halten, krichste vonne Omma schon den wohlgemeinten Rat: „Hömma, Günni! Du sollst nich so schnell rennen, sonst fällste auffe Fresse und machss Aua!"
Gut, dann flicste ebens auffe Fresse … Wat solls? Man fällt innet Leben sowie noch oft genuch auffe Visage, da kommt et auf einmal mehr oder weniger auch nich mehr drauf an.

Inne Schule geht dat dann weiter:
Kannze kaum lesen und schreiben, sacht dich der Pauker dann gleich, datte besser nich diese billigen japanischen Comics lesen solltest … würde doch genuch pädagogisch wertvolle, deutsche Büchskes geben. Hatter ja vielleicht recht, aber hasse immer nur Bock auf Otfried Preußler oder Erich Kästner? Oder inne spätere Schulzeit auf Goethe, Lessing, Schiller? Ich weiß dat noch aus meine eigene Schulzeit: Wat et an interessante Literatur gab, nä, also sowat wie Grass, Böll oder Lenz, dat wurde in meine Schulzeit noch totgeschwiegen.
Wobei: Micky Maus oder Fix & Foxy waren eh interessanter, da gab et wenigstens noch wat zu lachen. Und wat gelernt hasse davon auch.

Noch schlimmer war dat, wennet um Musik ging.
Hömma, in meine Jugendzeit waren ja Beatles und Stones Kult.
Dazu meinte meine Patentante Gertie aus Schalke: „Hömma, Günni, wie kann man nur so´n Krach hören, wo man noch nich ma verstehn tut, wat die da grölen? Der Roy

Black und der Heino singen doch auch so richtig schöne
Lieder."
Als ich dann 'n paar Jahre tatsächlich auch oft deutsche
Lieder hörte, nämlich den Udo L. aus Gronau und später
die Toten Buxen oder den Häbbärt Grölemeier, da war dat
für Tante Gertie auch wieder nich richtich.
Oder mein Vatter damals: „Hömma, Junge, sieh zu, datte
inne Schule wat lernst! Am besten machsse Abitur. Sonst
gehsse mit mir auffen Pütt."
Nee, dat war der größte Fehler in mein Leben. Wär ich damals mit 'n Vatter im Pütt gegangen, hätte ich gezz schon
mindestens zehn Jahre den Platz anne Rentnersonne.

Und wenne dann später Familie has: Hömma, dein Härzken
sacht dich dann schon, wat du solltest und wat nich. Und
wat sachsse dann? – Nix.
Die meisten Leute ziehen dat dat ganze Leben durch, ohne
ma 'n bissken nachzudenken, bis se zum Schluss inne Kiste
liegen.

Manche werden allerdings mit zunehmendet Alter auch
immer gelassener und ruhiger.
Nee, also gezz ma in echt: Bei mir hattet vor einige Zeit
auch Klick inne Birne gemacht.
Und weisse wat? Seitdem hör ich mir dat meiste nur noch
an und denk mich mein Teil.
Ansonsten hab ich vor 'n paar Jahre angefangen, MEIN
DING zu machen, um dat mal mit die Worte von dem großen Udo L. auszudrücken.

Manchmal kann ich mich über mein Vetter Otto Korsinetzky einfach nur schlapplachen (aber gezz nur so still für
mich, weisse).

Weil … der Otto is zwar eigentlich 'n lieben Kerl, aber nervt mich ständig mit Klamotten, die er immer neu ausprobiert und dann doch wieder sein lässt.
Sein liebstet Hobby is ja die bildende Kunst.
Ja gut, hab ich ja auch 'n bissken wat für übrig, sonst würd ich ja nich immer wieder Striche und Farbe auf Papier bringen, wie du ja auch hier in dieset Büchsken wieder sehen kannz.
Der Otto meinte also letztens zu mir, er hätte da noch 'n Platz im Wohnzimmer anne Wand, wo er noch 'n Bildken hinhängen wollte.
„Sach ma, Günner, du has in dein Leben doch schon sooo viel gezeichnet und gemalt. Kannze nich ma kucken, ob da wat bei is, wat bei uns reinpasst?"
„Gerne, Otto", sachte ich für ihm, „nur … so neumodische Klecksereien wie du gerne hättest, hab ich nich und mach ich auch nich, weisse. Dat macht nich mal Spässken. Kannz aber gerne meine Kohlezeichnung von Ewald Fortsetzung haben."
„Ach nee, danke, Günner. Dann geh ich doch lieber beim Kunsthändler und kauf mich 'n Druck von den Joan Miro."

Ich kuckte ihn nur an: „Ja wenne meinst, Otto. Kannze ja machen, hömma. Du kannz dir meinetwegen auch 'n Knopp anne Backe nähen und dann 'n Klavier dran aufhängen. Kannze machen! … MUSSE ABER NICH!"

Glück Auf!

# Watten Meer

So, Ferienzeit is vorbei, die Blagen müssen alle wieder auffe Schulbank und im Bus oder inne Straßenbahn geht dat große Drängeln und Schubsen wieder richtich los.
Genau die richtige Zeit für meine Altersklasse, gezz in Richtung Urlaub abzuhauen, weisse.
Haste auch an deinen Urlaubsort mehr Ruhe und kannz dich so richtich erholen.

Gezz is dat bei mein Häärzken und mir so, dattet uns ja seit Jahren schon immer anne Nordsee hinzieht. Und zwar bevorzugt anne ostfriesische Küste.
Is nich ganz so weit weg, weisse, fährsse den Ostfriesenspieß Richtung Emden hoch, hinter Leer vonne Autobahn runter und noch ′ne knappe Stunde über die Dörfer.
Hömma, dat is ′n richtich gemütlichet Fahren. Kaum Staus, komms bestens durch und kannz streckenweise so richtich durchtreten ... oder besser nich, weil dann kannze die Nadel an deine Tankanzeige mal so richtich wandern sehen.
Nee, wir haben ja Zeit, machen hier und da ma′n Päusken und sind dann ebens ′n bissken länger unterwegs.
Und wenn wir angekommen sind, wird äährssma dat Quartier bezogen und danach geht es sofort ab am Meer ... kucken, ob dat Wasser da is, wat am Hafen los is, und ′n Fischbrötken verschnabulieren mit ′n Pilsken dabei.
Hömma ... so muss Urlaub!

Gezz is dat ja so, dat wir schon seit Jahren immer wieder an den gleichen Ort fahren: ′N kleinet Dorf inne Nähe von Esens.
Ach, hasse nie gehört? Weisse nich wo dat is?
Also dann tu ich dich dat ma ganz einfach erklären: Die bekanntesten Stadtteile von Esens sind Bensersiel und Neuharlingersiel ... so, gezz weisse Bescheid.

Aber da wohnen wir im Urlaub nich, weisse, weil, da is einfach viel zu teuer.

Da, wo wir im Urlaub wohnen, is 'n bissken weiter weg vom Meer, dafür kannze dat Quartier aber auch bezahlen. Da fährsse dann ebens mit 'n Fahrrad 'ne halbe Stunde zum Strand und tus dabei auch noch wat für die Gesundheit.

Und vor allem: Immer wieder wirsse anne Heimat erinnert. Da kannze hinkommen, wo du willz, immer wieder triffsse Leute aussen Pott.

Hömma, dat fing schon an, als wir dat erstemal an unser Urlaubsdomizil kamen: Unsere Gastgeber waren tatsächlich waschechte Ruhris, die vor viele Jahre aus berufliche Gründe in Ostfriesland hängen geblieben sind und sich da für die Dauer eingerichtet haben.

Dat die beiden mehr aussen östlichen Ruhrpott stammten, nämlich ausse Nähe vonne 'Verbotene Stadt`, hat auch keinen weiter gestört. Dat sind einfach nur richtich töffte Leute.

Und auch sonst hörsse immer wieder Heimat-Töne, egal, ob du auffen Krabbenkutter auf Fangfahrt mit rausfährst, am Fährhaus 'n Krabbenbrötken verspachtelst oder einfach nur auffen Deich auffe Parkbank 'n Päusken machss.

Und wenn nich, rufsse einfach mal ganz laut „HÖMMA!" Du glaubss dat gar nich, wie viele Leute stehen bleiben und sich umdrehen.

Aber weisse, wat dat spannendste am Meer is?

Am ersten Tach, wenne hinkommss weisse nich, ob dat Wasser gezz da is oder nich. Dat hängt irgendswie mit diesen Ebbe und Flut zusammen. Da kommt dat Wasser dann immer wieder bis am Deich ran und dann geht dat wieder ziemlich weit zurück, so datte 'n paar Stunden zu Fuß im Meer rumlaufen kannz. Theoretisch kannze sogar bis nache Inseln rüber laufen. Dafür sollteste aber auf jeden

Fall 'n erfahrenen Wattführer mitnehmen. Besser is natürlich, wenne nich soweit im Watt rauslaufen tus, weisse. Wenne Pech has, kommt dat Wasser schneller zurück, als dich dat lieb is. Und dann machsse so 'ne Wanderung nie wieder.

So, gezz haben sich ja schon vor ganz viele Jahre die Astrologen ... ääh ... ach nee, die Astronomen ... so richtich 'n Kopp drüber gemacht, wie und wovon dat kommt, dat dat Wasser immer mal wieder da is und dann wieder weg.
Irgend so'n Intelligenzbolzen is vor lange Zeit ma auffen Trichter gekommen, dat da wohl der Mond dran schuld sein soll.
Nee, äährlich, also dat kann ich mir so gar nich vorstellen.
Kucksse ma anne Ostsee: Da gibbet auch Wasser ... und dat is immer da! Echt gezz, dat geht nie weg! Obwohl da auch der Mond is.

Im letzten Urlaub hab ich mir mal in 'ne kleine, aber feine Buchhandlung in Aurich so'n töfftet Büchsken von den berühmten ostfriesischen Heimatforscher Otto Waalkes gekauft: Der Sagenschatz von Ostfriesland. Hömma, und da hab ich 'ne logische Erklärung gefunden.

Wollt ihr wissen?

Also dat war so: Vor ungefähr tausendfünfhundert Jahre ging ja bekannterweise dat Römische Reich so langsam den Bach runter, und wilde Reiter aus dat heutige China verbreiteten Angst und Schrecken inne Welt ... also wat man damals so vonne Welt kannte, nä.
Also haben die Leute, die schon immer in ihre alte Heimat gewohnt haben, zwangsläufig ihre Plünnen gepackt und sind mit Sack und Pack abgehauen.

So kam dat dann, dat die damaligen Schweizer nach
Schwaben abgehauen sind, die Angeln und Sachsen nach
England rübergemacht haben, die Franken nach Frank-
reich, die Ruhris kamen aus verschiedene Gegenden im
Osten und siedelten in dat fruchtbare Land an Lippe, Em-
scher und Ruhr, die Bajuwaren wanderten von Tirol nach
Bayern, und die Holländer waren wohl ursprünglich Wi-
kinger, die bei ihre weltweiten Raubzüge im heutigen Hol-
land hängengeblieben sind.
Jau, und dann waren da noch die Ostfriesen.
Man munkelt ja, dat die aus dat heutige Bayern abgehauen
sind, als die Tiroler da ankamen.
Aber nix Genauet weiß man nich.
Fest steht nur, dat die immer geradeaus nach Norden gewandert sind ... immer weiter und immer weiter ... bis et
irgendswann nich mehr weiter ging.
Weil, da war auf einmal so'n ganz hoher Damm, mit Gras
bewachsen, und von Schafe beweidet ... der Deich!
Nach 'ne lange Lagebesprechung haben die Ostfriesen
dann 'n Beschluss gefasst ... kuckten gaanz vorsichtich
aber extrem neugierig über den Deich ... und riefen ganz
erstaunt aus:

„WATTEN MEER !!!"

Hömma, da hat dat Meer so'n Riesenschreck gekricht und
is ganz schnell abgehauen.
Und seitdem kommtet zweimal am Tach kucken, ob die
Ostfriesen noch da sind!

Mond? ... Bor nee ... watten Quatsch!

Glück Auf!

# Wenne alt wirss ...

DRÖÖÖHN!

Bor ey, muss dat wieder sein?
Mitten inne Nacht?
Äärssma mitte Faust auffen Wecker und dann is Ruhe.
„GÜNNER!!!" Die liebliche Stimme von mein Härzken hört sich auf einmal so richtich brutal an, „GÜNNER! Is halb fümf, steh gezz auf, du muss nache Maloche!"
Wat willze machen, wenn dich dat nich so gehen soll, wie in dat berühmte Lied von die Tana Schanzara "Vatter aufsteh´n"?

Wird Zeit, datte anne Rente kommss, weisse.
Wenne im Leben schon über 45 Jahre Maloche auffen Buckel has, sollte dat eigentlich reichen. Nur dummerweise sehen die Polletikers und die Scheffs dat leider völlig anders.
Auffe Maloche gehen se alle davon aus, dat du ja äährss dreißich bis und noch voll reinhauen kannz. Und die Polletik-Mafia is damit zugange, dat man in absehbare Zeit bis siebzich oder noch länger malochen soll ... am besten bisse inne Kiste unterm Torf liegst.
Wat meinsse, wat Vatter Staat da an Rentenkohle sparen kann.

Dat erste Mal is mir dat mit dat zunehmende Alter eigentlich bewusst geworden, als mein Jüngster und seine Perle bei uns zum Kaffee vorbeikamen und freudestrahlend erzählten: „Hört mal, ihr werdet Omma und Oppa."
Bor ey, dat saß äährssma, und meine erste Reaktion war: „Sacht ma, hättet ihr nich solange warten können, bis Omma und Oppa in Rente sind?"

Aber gezz ma in echt: Gefreut hammwer uns schon wie die Schneekönige und uns vorgestellt, wie unsern Enkel von vorne bis hinten verwöhnt wird … Wie sich dat für ´ne richtige Omma und ´n richtigen Oppa gehört!
Jedenfalls war die Welt von einen Moment auffen neechsten ´ne völlig neue Welt, und dann kamen die neechsten Gedanken: Die Haare werden langsam ´n bissken weniger und grau, inne Schnüss hasse auch schon zum Teil die Dritten.

So, und gezz überleg ma: Oppa sein, grau auffen Kopp, die Dritten inne Schnüss und Malochen … wat passt da nich?

Und wenne so weiter überleechs: Die Knochen sind am Knacken, im Kopp krichse langsam die ersten Anzeichen vom Alzheimer, mitte Klüsen is auch nich mehr soweit her, im Garten tuse mittlerweile keine Bäume mehr ausreißen und auffe Maloche fällt dich auch allet immer schwerer mit die neue Technik und dat ganze Brimborium drumrum, weisse.
Fast jeden Tach wat Neuet und da sollste auf deine alten Tage noch immer voll belastbar und flexibel sein. Und dat, obwohl mein Doktor mir schon seit ´ne geraume Zeit am Erzählen is, ich sollte so langsam ma anfangen, ´n bissken kürzer zu treten.

Und da is er wieder, dieser ekelige Montachmorgen, halb fümf, der Wecker und mein Härzken haben mich knallhart aussen Tiefschlaf gerissen und da isser wieder, der erste Morgengedanke: „Rutscht mir doch alle den Buckel runter und lasst mich einfach in Ruhe! Ich hab keinen Bock mehr auf diese elendige Sch…!"
Irgendswie schlepp´ ich meinen ollen Kadaver nachen Badezimmer, kurze Sitzung auffe Schüssel, duschen, Zähne sauber machen, rasieren, anziehen.

Inne Küche dann äährssma Bütterken, Käffken, Kippe und Tageszeitung.

Bor ey, wat is dat denn? Irgendswie zwickt mich dat auf einmal ganz erbärmlich im Kreuz …

Hömma, ich weiß bald gar nich mehr, wie ich vom Sitzen wieder zum Stehen kommen soll.

Und mein Härzken sacht für mich: „Hömma, Günner, so kannze aber nich nache Maloche, sieh ma zu, datte nachen Doktor komms!"

Gute Idee!

Ich also vorher noch dat Kreuz eingerieben, weisse, in unsern Alter hasse ja für sowat immer wat im Haus, und dann ab nachen Doc.

Und der kuckt mich an und sacht sofort: „Jau, Herr Mambrallek, ich rate ma: Rücken, ne?"

„Jau", sach ich, „aber sowat von. Nix geht mehr!"

Und während der Doktor mir äährssma 'ne dicke Spritze hinten reinhaut, hör ich ihn sagen: „So, ich tu Sie gezz noch wat aufschreiben, dann bleibense noch vier Wochen zu Hause. Vielleicht kuckense ma zu, dattse sich 'n bissken vorsichtig sportmäßig bewegen. Lassense dabei aber langsam gehen!"

Drückt mir noch 'n Rezept und den rosafarbenen Urlaubsschein inne Flossen und dat war et dann.

Hömma, auffen Weg nach Hause ging mir dat schon 'ne ganze Ecke besser. Vier Wochen nich malochen, is ja immerhin schon wat.

Und wenn die um sind?

Mal kucken, wat man auf seine alten Tage noch so allet kriegen kann.

Irgendswie musse ja die letzten Monate bis zur Rente noch einigermaßen komfortabel rumkriegen …

Glück Auf!

# Schieß se auffen Mond

„Flai mih tu se muhn und let mih pley ämong se Stars … "

Bor ey, gezz hab ich aber so richtich ´n Ohrwurm.
Hömma, ich werd´ den gar nich mehr los. Man, ey!
Dummerweise is mein Englisch ja nich sooo gut, aber ir-
gendswie muss dat Liedken wohl wat mitten Mond und mit
berühmte Leute zu tun haben … Stars, weisse.
Auf einmal schießt mir so ´ne Textzeile auf Deutsch in ´n
Kopp: „Schieß se auffen Mond, wo keine Menschenseele
wohnt … da da da da da da da …"
Bor, geil ey, dat isset!
Sofort aufschreiben, kann man bestimmt wat Satirischet
von machen.
Sollte ich in meine alten Tage tatsächlich noch ´n Dichter
oder Poet werden?
Ääh, nee, lieber nich, wer weiß, wat dann noch so allet bei
rauskommt. Da lass ich dat Dichten doch lieber meinen

Fatzebook-Kumpel Ruhrpott-Poet Micha. Der kann dat richtich töffte und hat auch schon ´n paar Büchskes rausgebracht.

Aber gezz fängt auf einmal dat Koppkino an: Von wegen wie dat denn wär, die ganzen Piesepampels, die unserer Welt nich gut tun, inne große Rakete zu packen und ab inne Unendlichkeit damit.
Weisse, da müsste dann dat Trampeltier aus Amiland dabei und sein Zwilling Boris aus Brexitannien, der Sultan vom Neu-Osmanischen Reich, der kindliche Herrscher aus Südostasien, die Scheffs vonne Islamisten-Mafia, vielleicht noch ´ne sorgfältige Auswahl von Wirtschaftsbossen, Top-Managern und Waffenlobbyisten.
Aussen eigenen Land sollte man auch noch welche beipacken: Den Gauleiter, die Störchin, die Alitze vom Weideland, auf jeden Fall dat Höckerchen Björn ... Hömma, ich könnte noch ewig weiter aufzählen.
So, und dann weg damit. Ich hör´ unser Mutter Erde schon so richtich aufatmen.
Obwohl ... vielleicht besser nich zum Mond, weil man von da ja wieder zurückkommen kann. Dat haben die Amis ja schon Ende vonne Sechziger hingekricht.
Nee, besser is, die Rakete in Richtung Mars zu schießen, da gibbet inne neechsten Jahrzehnte jedenfalls keine Rückfahrkarte.

Vielleicht kriegen wir dat ja ohne diese Bajuffen hin, die Welt ´n bissken besser und lebenswerter zu machen.
Und solange werd´ ich weiter meine Schnüss aufmachen und aufpinnen, wat mir und viele andere auffen Senkel geht.

Glück Auf!

# Autorenporträt

Volker Kosznitzki ist Jahrgang 1955. Geboren und aufgewachsen ist er in Gelsenkirchen in einer typischen Zechensiedlung aus den 50er Jahren unter (fast ausschließlich) Bergmannsfamilien.

Nach dem Abitur lernte er Industriekaufmann, machte Straßenmusik, verwaltete Wohnungen und verkaufte Schuhe, bevor er 1980 in der öffentlichen Verwaltung beruflich "sesshaft" wurde. Er hatte also immer mit Menschen zu tun und lebt schon immer im Ruhrgebiet, seit 1980 in Oer-Erkenschwick. Seine Hobbys sind Malen, Zeichnen, Gitarre spielen, Heimatkunde rund ums Ruhrgebiet und alles, was mit Musik zu tun hat. Sport? Nee danke, könnte eventuell gesund sein! Während einer längeren Krankzeit 2008 (Rücken, weisse) hat er angefangen, zunächst eigene authentische Telefonprotokolle mit Werbeanrufern aufzuschreiben. So entstand Günner!

Lieblings-Kulturschaffende: Jürgen von Manger, Ludger Stratmann, Fritz Eckenga, Sigi Domke, Gerburg Jahnke.

Lieblings-Theater: Mondpalast Wanne-Eickel.

# Von ihm außerdem im EPV erschienen:

## Günner Mambrallek: So isset!
### Ruhrpott-Geschichten
152 Seiten, Paperback,
Edition Paashaas Verlag
1. Auflage: Neuerscheinung August 2011
ISBN: 978-3-9813928-7-6
11,95 €

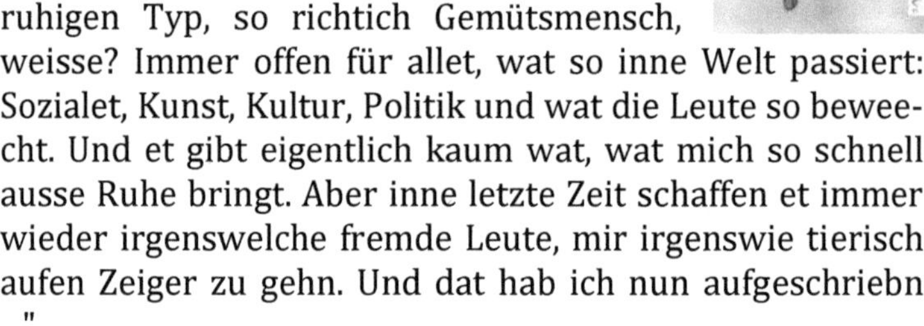

"Tach auch, eigentlich bin ich ja en ziemlich ruhigen Typ, so richtich Gemütsmensch, weisse? Immer offen für allet, wat so inne Welt passiert: Sozialet, Kunst, Kultur, Politik und wat die Leute so beweecht. Und et gibt eigentlich kaum wat, wat mich so schnell ausse Ruhe bringt. Aber inne letzte Zeit schaffen et immer wieder irgenswelche fremde Leute, mir irgenswie tierisch aufen Zeiger zu gehn. Und dat hab ich nun aufgeschriebn ..."

Günner ist ein echter "Rotz aussem Pott" und schreibt, wie ihm der Schnabel gewachsen ist. Dabei nimmt er kein Blatt vor den Mund. In 30 frechen Kurzgeschichten kriegt jeder sein Fett weg. Eben echte Ruhrpott-Mentalität. Aufgelockert mit witzigen Comics des Autors, flapsiger Sprache und dem ganz eigenen Ruhrpott-Humor zeigt Volker Kosznitzki wie es so ist, das Leben im Pott!

# Gezz kucksse!

**Ruhrpott-Geschichten**
**Volker Kosznitzki**
ISBN: 978-3-942614-62-7
Paperback, Format: 13,5 x 21,5 cm
Neuerscheinung November 2013
11,95 €

Gezz kucksse!
Ehrlich, dat hättze gezz nich gedacht,
wat? Nee, der Günner Mambrallek hat
nach dat erste Büchsken sein Pulver
noch lange nich verschossen. Ganz innet Gegenteil, gezz
leechter noch ne Schüppe drauf! Weisse, wenne immer son
bissken mit offene Augen inne Welt kucken tus, finze immer widder wat, wo du nich einfach die Klappe halten
kannz!

Günner ist ein echter "Rotz aussem Pott" und schreibt, wie
ihm der Schnabel gewachsen ist. Dabei nimmt er kein Blatt
vor den Mund. In 30 neuen frechen Kurzgeschichten kriegt
mal wieder jeder sein Fett weg. Eben echte Ruhrpott-
Mentalität. Aufgelockert mit witzigen Comics des Autors,
flapsiger Sprache und dem ganz eigenen Ruhrpott-Humor
zeigt Volker Kosznitzki auch in seinem 2. Buch wie es so
ist, das Leben im Pott!

# Wat willze
**Ruhrpott-Geschichten**
**das 3. Buch mit Kultfigur Günner Mambrallek**
**Volker Kosznitzki**
ISBN: 978-3-945725-93-1
Paperback, Format: 13,5 x 21,5 cm
152 Seiten
Neuerscheinung November 2016
11,95 €

Wat willze? Hasse immer noch nich genuch vonnen Günner Mambrallek?
Dann lies ma dat Kleingedruckte oder begleite ihn an seinen persönlichen Ort der Stille. Also mit Mallorca wird der Günner nich warm, Punktesammler sind auch nicht seins und moderne Mattemattik ist für ihn ein Systemfehler. Aber ehrlich! Geht doch nix über ne vernünftig funktionierende Nachbarschaft. Wo man mittenander redet und sich gegenseitig helfen tut, wenn man kann, weisse! Und ab und zu ma zusammen Würstkes und Kottlett aufen Grill, dabei lecker Pilsken schlabbern, is doch echt wat Schönet, meinze nich?

Günner ist ein echter Rotz aussem Pott und schreibt, wie ihm der Schnabel gewachsen ist. Dabei nimmt er kein Blatt vor den Mund. In 30 neuen frechen Kurzgeschichten haut er mal wieder so richtig verbal drauf. Wat willze? ist eben Ruhrpott pur. Aufgelockert mit witzigen Zeichnungen des Autors, flapsiger Sprache und dem ganz eigenen Ruhrpott-Humor zeigt Volker Kosznitzki auch in seinem 3. Buch, warum die Menschen im Ruhrgebiet ganz besonders sind.

# Außerdem hat er Beiträge in diesen Büchern veröffentlicht:

Schnauze
Friedewald, der edle Ritter (Zeichnungen)
Intrigenspiel - der 2. EPV-Roman
Geschichte und Bilder in Heiter bis sandig
Geschichte in Heiter bis frostig
Geschichte in Heiter bis feierlich
Geschichte in Heiter bis köstlich

Alle Infos und Leseproben finden Sie auf
www.verlag-epv.de